智慧父母
四 堂 修 炼 课

马克 著

北京理工大学出版社
BEIJING INSTITUTE OF TECHNOLOGY PRESS

版权专有　侵权必究

图书在版编目(CIP)数据

智慧父母：四堂修炼课 / 马克著. —北京：北京理工大学出版社，2020.4（2023.3重印）

ISBN 978-7-5682-8198-0

Ⅰ.①智… Ⅱ.①马… Ⅲ.①亲子教育 Ⅳ.①G781

中国版本图书馆CIP数据核字（2020）第035009号

出版发行 / 北京理工大学出版社有限责任公司
社　　址 / 北京市海淀区中关村南大街5号
邮　　编 / 100081
电　　话 /（010）68914775（总编室）
　　　　　（010）82562903（教材售后服务热线）
　　　　　（010）68944723（其他图书服务热线）
网　　址 / http://www.bitpress.com.cn
经　　销 / 全国各地新华书店
印　　刷 / 三河市华骏印务包装有限公司
开　　本 / 880毫米 × 1230毫米　1/32
印　　张 / 6.5　　　　　　　　　　　　　　责任编辑 / 秦庆瑞
字　　数 / 130千字　　　　　　　　　　　　文案编辑 / 闫风华
版　　次 / 2020年4月第1版　2023年3月第3次印刷　责任校对 / 刘亚男
定　　价 / 48.00元　　　　　　　　　　　　责任印制 / 施胜娟

图书出现印装质量问题，请拨打售后服务热线，本社负责调换

自 序

人间正道是沧桑

任何事物的出现必有其原因，促使我开《智慧父母：四堂修炼课》的原因有很多，其中两个案例让我印象非常深刻。2018年，我在上海上课，一位浙江的企业家临时向我请假，说不能赶来上课了，因为她接到一个令人心碎的消息，她广州一个好友的女儿自杀了——只因和男朋友吵架就自杀了。这个女孩的母亲在企业工作，父亲在政府机关工作，女儿也接受了国外的高等教育，可谓是让人羡慕的家庭，唉，就这么毁灭了。2019年，我在山东给一个中学做公益讲座，校长告诉我，他们那里有个30岁的男生因为一篇硕士论文没有通过，受不了打击，跳楼自杀了。

我又想到我的两位学生（企业家），他们都五六十岁了，但当回忆起自己的父亲和母亲对他们幼年的伤害时，两位老爷们儿依然心痛不已，黯然神伤。

虽然我也在网络上看到过很多青春期学生自杀的家庭悲剧，但也不像前面耳闻目睹的这些案例对我的触动，让我觉得错误的教育方式对孩子的伤害足以影响到他成人，甚至影响孩子的一辈子。同时我也有家庭教育方面正面或负面的一些体验，于是我想把我对教育的一些观点分享给有缘的读者朋友，我将这些观点和思考写成书，让更多孩子少受伤害，让更多父母少留遗憾。但有位好心的朋友告诉我，现在的宝妈是不看书的，她们宁愿花198 000元将孩子转到更好的学校读书，宁愿花19 800元给孩子报补习班，宁愿花1 980元给自己买一套化妆品，也不愿意花198元进行家教知识的学习。她们并不认为孩子的问题是自己的问题，就算她们认为是自己的问题，也并未真心打算改变自己。不得不说，这位朋友说出了事情的真相，但我对世界并不悲观，我相信只要我们有足够的诚意，总能感动一群有缘人，于是我固执地打开冷冰冰的电脑，在键盘上敲打着暖洋洋的文字，只为以心换心。

任何文字都与作者的价值观、经历和阅读息息相关。作为教育工作者，作为两个孩子的父亲，我饱含深情地写作这本书。我觉得任何人、事、物的成功或失败，不外乎由三个因素决定，这三个因素就是"道""术""器"；做智慧的父母、普通的父母抑或是愚昧的父母，也是由"道""术""器"这三个因素决定的。

所谓"道"，就是我们对这件事的价值认知。如果某人真的发自真心地认同某种价值观，那么其行为一定与这种价值观吻合，说到底，人与人之间的爱恨情仇，本质上都是价值观造成的。比方说，大多数中国父母对自己与孩子关系的价值认知是"孩子是我的未来，是我生命的延续"，所以表现在行为上，

自序：人间正道是沧桑

中国父母对孩子就过分地患得患失，或过分保护，或过分管控，生怕孩子出半点问题，事实上，这样的行为恰恰导致孩子问题百出。大多数欧美父母对自己与孩子关系的价值认知是"孩子与我是两个独立的个体"，所以表现在行为上，他们对孩子的教育更尊重其天性，任孩子在天性范围内自由发展，这样看似不管不教，却能让孩子更健康地成长。

每个人的行为和做法必然是其价值观的真实反映，在教育孩子这件事上，我的"道"就一句话："7岁以前，你是我的老师；7岁以后，你是我的朋友。"于我而言，这不是一句口头禅，而是我真实的价值判断。这两句话直接影响了我和孩子的关系，影响了我的教育方法、教育工具和持续不断的自我成长。我和弟弟家共有四个孩子，我很爱他们，他们给我提供了源源不断的生命养分，让我更懂孩子，也更懂自己。在此真诚地感谢他们，他们教会了我很多很多。

在我写作时，我儿子刚过5周岁生日，他是我当之无愧的老师，我愿意感恩地、谦逊地由他带着我成为一个真正的人，由他带着我发现自己那颗活泼泼的心，由他带着我打破我身上顽固的自我和僵化的思维——尽管很多时候我是个不称职的学生，但我真诚地称呼他为老师，他也乐于接受这样的美称。

在我写作时，我女儿正上七年级，我侄女正读六年级，我侄子正读二年级，他们都是我最重要的朋友。我愿意和他们交朋友，我愿意倾听他们的世界，我也愿意把我对世界的看法分享给他们听。当我从爸爸的角色转变成他们的朋友时，他们更愿意靠近我，我很少骂他们，和他们说话都很温柔，在语调上甚至带着音乐的色彩，而且全都是发自内心的。看到他们如初升的朝阳，我就有拥抱的渴望；看到他们被作业压得直不起腰，我就有发自心底的爱怜和心疼。

很多父母说，这不就是当好人嘛，话不能这么简单地说。在家庭教育中，当一个真正的好人是很难的，是需要学习的；而当恶人是人人都会的，一旦情绪失控，愤怒、吼叫、抱怨、数落、辱骂，甚至体罚就会无师自通。

我知道，在孩子面前，每个父母都曾或多或少或轻或重地成了情绪的奴隶，成了孩子的恶人。我承认，我也曾是孩子们的恶人，我也曾隐隐约约地感觉到孩子是我的老师和朋友，但那只是朦胧的认知，是知而不行的，也并非真正的知。直到我写这本书时，直到我深入思考人生、工作、生活、孩子、父母、兄弟、伴侣、亲人、朋友等关系时，尤其将孩子抽离出来单独思考时，我才清醒地认识到孩子是我的老师和朋友：7岁以前，你是我的老师；7岁以后，你是我的朋友。我们一辈子都是亦师亦友的关系，亲情是我们之间不用言说的底层代码。

"以子为师，与子交友"是本书的写作之道。我花了很多笔墨，但重点又不在于阐述怎样向孩子学习，怎样与孩子交朋友，而是刻意跳过教育孩子的话题，从儒家修炼的角度入手，从心灵和心性层面来写"人"，写怎样认知自己，修炼自己，把自己的各种标签撕掉，重新恢复"人"的状态。

如果读者朋友通过第一课的学习，如我一般找回做"人"的感觉，你会惊喜地发现，你的家里正有一个"人"，那就是你的孩子——7岁以下的孩子，跟着他学习就可以返回"人的世界",你也就能理解为什么我称呼儿子为老师了。但遗憾的是,大多数父母都很难做到真正地以孩子为老师并体察孩子那份活泼灵动;相反,很多父母将成人世界里僵化固执的善恶美丑和是非对错强加在孩子身上,真是遗憾……更为遗憾的是,随着孩子逐渐长大,进入了小学、中学,背负着巨大的学习压力,有的甚至变成了只知道死学习的机器。如果是这样,那么这就是孩子的悲哀、家庭的悲哀,最终成为社会的悲哀。

我们无法阻止孩子由一个活泼泼的人变成一台冷冰冰的机器,但我们可以和这台小机器做朋友,用爱心、耐心和信心保养这台小机器,让这台小机器变得更有温度,甚至还能让这台小机器和你这台大机器在朋友关系的互动中恢复到"人"的状态,那真是生命的喜悦和家庭的幸福。

当然,我知道全书的这些文字或许并不受欢迎,先且不说读者朋友是否认同我的"以子为师,与子交友"的观点,就算真的认同,在今天这个浮躁的追求速成的社会里,人们也未必有耐心去品读这些文字,就算有耐心去品读,也未必能觉醒——觉醒出人之为人的可贵;觉醒出我的孩子带给我的那份感动;觉醒出我不能再错误地对待我的孩子;觉醒出我要马上向孩子学习的冲动和喜悦;觉醒出从此刻开始,我要和我家的孩子做朋友,真诚地和他们做朋友。

教育就像种树,光修剪枝叶是没用的,必须培根固本,而市面上真正关注树根的人很少,我愿意做这样的人,我愿意做这样的事。所以第一课,我就花了很多笔墨写如何"成人",如果读者朋友实在没兴趣,也别强求,可以跳过去不读。

第二课，我花了很多笔墨，从"以子为师，与子交友"两大核心价值观之"道"的角度和心理学之"术"的角度写了很多教育孩子的内容。当然，每个具体的方法都是因人而异的，不能生搬硬套，我只希望这些真诚的文字能对读者有些启迪。另外，我也提供了一些"器"，作为与孩子沟通的道具，相信对读者朋友也是很有价值的。

第三课不是本书重点，但作为智慧父母完整的闭环逻辑，也是不能缺失的，所以我将其纳入系统中。

第四课虽然篇幅不长，却与第一课首尾呼应，升华了本书的主旨——智慧——一切为了生命的觉醒与绽放。

好吧，就从或许你不喜欢看的第一课开始阅读吧，尝试一下，或许也不错——教育孩子，先从教育自己开始；改变孩子，先从改变自己开始。

事实上，这些文字对三十而立的父母来说是很重要的，当然，如果你到了四十不惑的年龄，还完全抗拒这些文字，或许应该陷入深刻的思考……

目 录

第一课　改变自己 / 1

　　第一章　认识自己 / 3

　　　　第一节　人性的善与恶 / 3

　　　　第二节　人生三大追问 / 6

　　第二章　活法 / 10

　　　　第一节　向外活，寻求快乐，却难得快乐 / 10

　　　　第二节　向外活的情绪状态 / 19

　　　　第三节　快乐的秘密 / 25

　　　　第四节　向内活，心上用功 / 30

　　　　第五节　向内活，事上磨炼 / 34

　　　　第六节　人生的幸福方程式 / 38

第二课　教育孩子 / 43

第一章　我、孩子、世界 / 45

第一节　你的孩子，其实不是你的孩子 / 45

第二节　孩子的四个世界 / 51

第三节　7岁以前，你是我的"老师" / 54

第四节　7岁以后，你是我的朋友 / 63

第二章　了解孩子 / 68

第一节　孩子在刷存在感 / 68

第二节　孩子在测试你的安全边界 / 69

第三节　了解孩子的情绪发泄方式 / 71

第四节　了解孩子的个性 / 73

第五节　了解你与孩子的情感账户 / 75

第六节　从马斯洛的五层次需求看孩子的需求 / 76

第七节　孩子所需的五种外在需求 / 84

第八节　那些被误解的十个教育观点 / 91

第三章　教育孩子 / 99

第一节　培养孩子的正气 / 99

第二节　培养孩子的五颗心 / 106

第三节　培养孩子的六大意识 / 111

第四节　随时随地都是教育 / 118

　　第五节　与孩子的七个沟通法则 / 121

　　第六节　与孩子的七个谈判思维 / 132

　　第七节　培养孩子的十五个重要建议 / 135

第三课　经营家庭 / 153

　第一章　相遇是一场缘分 / 155

　第二章　家庭成员间的相处原则 / 157

　第三章　家的兴旺与传承 / 165

第四课　绽放生命 / 171

　第一章　绽放生命的六个阶梯 / 173

　第二章　生命绽放的"3+1循环圈" / 183

　第三章　此心光明，如上如下 / 189

　后记与本书精华 / 193

第一课

改变自己

英国的威斯敏斯特教堂的墓碑上写着这样一段话:"当我年轻的时候,我梦想改变这个世界;当我成熟以后,我发现我不能够改变这个世界,我将目光缩短了些,决定只改变我的国家;当我进入暮年以后,我发现我不能够改变我的国家,我的最后愿望仅仅是改变一下我的家庭,但是,这也不可能。当我现在躺在床上,行将就木时,我突然意识到:如果一开始我仅仅去改变我自己,然后,我可能改变我的家庭;在家人的帮助和鼓励下,我可能为国家做一些事情;然后,谁知道呢?我甚至可能改变这个世界。"

每个年少轻狂的人都有改变世界的冲动,这是好事,如果年轻人没有梦想了,这个世界还有希望吗?但我们在仰望星空的同时也要脚踩大地,所以要改变世界,先从改变自己开始,改变自己,从认识自己开始。

第一章　认识自己

在2 000多年前,古希腊人就把"认识你自己"作为铭文刻在阿波罗神庙的门柱上。古往今来,人类从未停止过对自己的探索,无论是提升人类寿命的医学,研究人类智商的脑科学,还是对神秘大自然的探险……人类从未停止过认识自己。当然,我今天所说的认识自己,主要是从心灵层面来阐述的。

第一节　人性的善与恶

人性的善与恶,这个话题的争论可追溯到久远的春秋战国时期,孟子提性善论,荀子提性恶论,还有人说无善无恶,可善可恶,孰是孰非,莫衷一是。要明白这个问题,就要明白人性的层次——人性分三个层次,像竹笋一样,从里往外看分别是本性、禀性和习性。现分别阐述如下:

本性是什么?孔子说:"性相近也,习相远也。"这个性就是本性,《三字经》里说的"人之初,性本善"的性也是本性,本性是心的本来面目。所以,孟子的性善论是从本性层来说的,孟子说:"今人乍见孺子将入于井,皆有怵惕恻隐之心。非所以内交于孺子之父母也,非所以要誉于乡党朋友也,非恶其声而然也。由是观之,无恻隐之心,非人也;无羞恶之心,非人也;无辞让之心,非人也;无是非之心,非人也。"这段话对我们理解人的本性很重要，正如孟子所说，人们看到孩子正在啼哭，马上要掉进井里时，都会心头一颤，想立刻去救这个孩子。这个念头的产生不是因为要想与这个孩子的父母拉关系，不是因为要想在乡邻朋友中博取声誉，也不是因为孩子的哭声令人烦躁，而是因为人的本性善良，有恻隐之心。我相信2 000多年后的我们与孟子也是一样的感觉，可见人的本性是一样的。当然，猪和狗看到井边啼哭的孩子是没有感觉的，因为猪狗的本性是猪狗的本性，人的本性和猪狗是不一样的，所以孟子说没有恻隐之心、羞恶之心、辞让之心、是非之心的人就不是人。

当然，普通老百姓也常说："这人猪狗不如，没有半点人性。"这句话是没毛病的，猪狗不如的人当然是没有人性的，没有人性的人当然也是猪狗不如——猪肉能供给人类美食，猪皮能美容，猪粪能肥田；狗能看门守院，而没有人性的人却只徒增社会的负担，消耗社会，破坏社会，所以没有人性的人就是猪狗不如。

当然，孟子性善论的善是无善无恶的本性之善，是心最自然的流淌，所以，人们看到孩子快掉到井里自然会动恻隐之心；看到野狗向自己扑来，也必然要与之搏斗，甚至是屠杀，所以，本性无善无恶，但却是非分明。

综上所述，本性是人与动物的区别，失去本性的那一刻，就不是人；本性回归的那一刻，就是人——与孔子和佛陀一样的人。只是孔子和佛陀能时刻安处于本性状态，而普通人很少能处于本性状态，但本性依然存在，只是被无知和私欲遮蔽了。

如何找回来？孔子说："我欲仁，斯仁至矣。"只要人们愿意回归本性，就是一个堂堂正正的人；孟子说："求其放心而已矣。"即把那颗放逐在外的心找回来就可以了。

接下来说禀性，禀性是人与生俱来的一些特性，例如：自私就是人的禀性之一，人有身，当然要照顾好自己的身体，于是要吃穿住用行，这些行为就是自私的，这是人在长期进化过程中形成的禀性，不如此，人类就不能存活。所以，刚出生的、还未被世界习染的婴儿，一出生就拼命吸吮母亲的乳汁，所以说禀性是生而具备的。

一对双胞胎兄弟，哥哥和弟弟对乳汁的渴求度是不一样的，有的表现强烈，有的表现平和，这是为什么呢？因为每个人的禀性是不一样的，甚至是千差万别的。这就解释了为何父母双方都五音不全却生了个会唱歌的孩子，因为会唱歌是这个孩子的禀性；有些父母性格都很温和，却生了个急躁的孩子，因为急躁是这个孩子的禀性；有些父母从小到大都很善良，却生了个冷血的孩子，因为冷血是这个孩子的禀性。这样的案例不胜枚举。

当然，遗传基因也是孩子身上禀性的重要来源，很多孩子完整地遗传了父母的优点或缺点，成为其性格的一部分，这个概念是很好理解的，此处不再赘述。

综上所述，人的禀性不仅仅来自遗传，也来自自身的能量携带，是相当难改变的——江山易改，禀性难移。

最后来说说习性。所谓习性，就是被家庭和社会习染而成的一种生命状态，不同的人有不同的表现，正所谓"跟好学好，跟坏学坏"。人们常说，人是环境的产物，说的就是环境能改变和塑造人的习性。比方说，20世纪七八十年代出生的中国人都很勤奋，20世纪90年代出生的中国人就相对懒惰，但每代人都有每代人的习性，每个人也会形成自己的习性；再比方说，中国人在国内闯红灯的现象比较严重，但到了国外，自然就好了很多，为什么？因为国外没有闯红灯的土壤，这就是环境的力量。既然习性是环境的产物，我们就可以通过人为干预的方式改变一个人的习性，导其向善、向好、向美，最著名的案例莫过于孟母三迁，孟子的母亲为小孟子三次搬家，因为她深知人的习性与环境息息相关，好的环境能塑造好的习性，坏的环境能塑造坏的习性。

综上所述，习性有善有恶，有美有丑，有好有坏，是可以通过学习改变的。写到这里，我们对本节做个小结，人性分三个层次：本性、禀性和习性。最里面的层次是本性，本性无善无恶，能善能恶，超越善恶，孟子所谓的性善论当属于这个层次。荀子的性恶论应该是从禀性和习性上来说的。

第二节　人生三大追问

自古以来，有智慧的人都在不断拷问人生的三大问题：我是谁？我从哪里来？我要到哪里去？于是产生了哲学——爱智慧的学问。

这三个问题适合于问任何人或组织，小到一个人对自身的探索，大到一个组织甚至一个国家，这三个问题都是最根本的问题，甚至可以说，没有弄清这三个问题的人是糊涂人，没有弄清这三个问题的家庭是糊涂家庭，没有弄清这三个问题的组织是糊涂组织。而事实上，大多数人和组织都是糊里糊涂的，都是羊群中的一只羊而已，终其一生只不过是在随大流，人云亦云而已，法国著名社会心理学家古斯塔夫·勒庞将这样的人称为乌合之众。

我尊重任何人的任何答案（或没有答案），比方说，有些人用很豪迈的口吻说："今朝有酒今朝醉，管他是谁不是谁。"有些人用很感人的口吻说："人活一辈子，不就是为了家，为了孩子嘛。"我无意评价谁的观点更好。事实上我也曾徘徊在这两个观点之间，但总觉得这两个观点都不能打动我的心。如今我已拥有自己的坚定立场和人生信仰，借助这个机会分享给大家。

2018年夏天，我在逝夫兄的陪同下，在山东拜祭了五大圣人，我开始慢慢找到了生命的意义。或许是冥冥中的天意让我去拜祭他们，抑或是拜祭的诚意让我接收到圣人的能量，也可能这一切都是天意。后来，我更理解了阳明先生在《咏良知四首示诸生》中的心情，第一首："个个人心有仲尼，自将闻见苦遮迷。而今指与真头面，只是良知更莫疑。"第二首："问君何事日憧憧？烦恼场中错用功。莫道圣门无口诀，良知两字是参同。"第三首："人人自有定盘针，万化根源总在心。却笑从前颠倒见，枝枝叶叶外头寻。"第四首："无声无臭独知时，此是乾坤万有基。抛却自家无尽藏，沿门持钵效贫儿。"

于是，我明白了——

我是谁？

我是一个人，我要做人，我要成人，我明白了，马克只是我的名字而已，是我的代号而已，其实叫什么都可以。我是父亲、儿子、领导、员工，这些也只是我所扮演的角色，一个身份而已，这所有的一切，都只是为了要成就我做个人，做个和圣贤一样的堂堂正正的人。

我从哪里来？

我是个连续不断的生命能量体，是上天独一无二的造化。所以我是天的孩子，天赋予我生命并通过父母的身体来到这个世界上，这就是我对"我从哪里来"的理解。这里我想引用黎巴嫩诗人纪伯伦《致孩子》里的几句诗来强化我的观点："你的孩子，其实不是你的孩子。他们是生命对自身的渴望而诞生的孩子。他们借助你来到这个世界，却并非因你而来，他们在你身旁，却并不属于你。"

我要到哪里去？

关于这个问题，我可以理解成下一秒要到哪里去，也可以理解成三五年或三五十年后要到哪里去，还可以理解成死后要到哪里去。我是孔子的学生，我不去思考死后的问题，但孔子说："未知生焉知死。"也就是说，一个人连生的意义都不知道，又怎能去探索死的话题呢？换言之，如果一个人真的知道了生的意义，自然也就知道了死的意义。沿袭前文，作为我这样的个体来说，我生命的意义就是成人，成为一个像阳明先生一样光明磊落的人，此心光明的人。

　　既然我了解我要去的方向，那就要寻找方法了。我朦胧地沿着孔子教诲的"志于道，据于德，依于仁，游于艺"前行，我坚定地沿着曾子的"大学之道，在明明德，在亲民，在止于至善"前行。而若要成就以上道路，曾子告诉我"修身为本"。如何修身呢？方法就是"格致诚正"。我的人生方向豁然开朗，我的成长路径清晰可循。

第二章 活法

对于一个找到生命意义的人来说，自然就找到了属于自己的活法。有的人活法是三等：等吃、等喝、等死；有的人活法是三立：立德、立功、立言；正如臧克家在诗歌《有的人》里写的："有的人活着，他已经死了；有的人死了，他还活着。"尽管我做了对比，但这并不代表我鄙视某种活法。相反我理解并尊重每个个体的活法，我们可以做道德赞扬，但不能做道德绑架；可以做道德引导，但不能做道德强迫。

活法有很多：有人为心灵而活，出家为僧，隐遁避世；有人为生命而活，格致诚正，修齐治平；有人为吃喝而活，累死累活，一生吃喝；有人为孩子而活，含辛茹苦，望子成龙；有人为爱情而活，寻觅沧海，等待巫山；有人为朋友而活，兄弟情感大于天；有人为事业而活，除了工作还是工作；有人为国家而活，一辈子献给国家。以上种种活法，归纳起来，其实只有两种：一种是向内活，一种是向外活。当然，出家为僧未必就是向内活——假和尚、假道士随处可见；吃喝玩乐也未必就是向外活——也不排除真有济公式的红尘得道人。

第一节 向外活，寻求快乐，却难得快乐

大多数人的一生都在向外求索，以求获得短暂的人生快

乐，而事实上得到的却是无尽的痛苦，哀哉。

往小里说，爱美食的人在品尝人间美味的同时，身体也饱受压力；爱喝酒的人在品尝琼浆玉液的同时，心肝也受损伤；赌博的人想赢钱，却输得倾家荡产。我想这样的案例在身边是很容易找到的，所以向外求索的人生，很少能获得快乐。

往中里说，有人一心为家，把自己的全部精力都倾注在家和家人身上，可是有一天，妻子却发现丈夫并不爱她，甚至出轨，孩子也不听话，沉迷游戏，于是，这位既是妻子又是母亲的妇女变成了怨妇。我相信这样的案例在身边也是很容易找到的，所以向外求索的人生，很少能获得快乐。

往大里说，有人不断向外求索事业，张口闭口就是上市或冲击百亿元目标。很不幸，他失败了，人生陷入痛苦和低潮；很幸运，他成功了，赚了很多钱，社会也给了他很多荣誉，但身体却垮了，家庭关系也糟糕透顶，孩子教育更是一塌糊涂。我想这样的案例，在很多老板身上都能找到，所以向外求索的人生，很少能获得快乐。

为什么向外求索很难获得快乐呢？因为外界变化的因素很多，而大多数因素是不受人掌控的，但很多年轻的父母却不以为然地想："我就不信我生的孩子，我还掌控不了……""小样，我还不信我治不了你……"最后，时间教育了持这种认知的父母——儿大不由娘。事实上，就算孩子没长大，也不会真正由着娘，被娘逼急了，就跳楼跳桥，这样的案例也时有发生。当然，纸上看到终觉浅，亲自碰壁才知疼，所以有句歌词叫"多么痛的领悟"。

人有眼、耳、鼻、舌、身、意，要看、听、闻、吃、穿、住、用、行和想入非非。在禀性和习性的驱动下，一方面，人会不自觉地追求并享受外在的声色犬马而无法自拔；另一方面，这些追求和享受又强化了人的习性。所以，在某种程度上，向外求索的人都或多或少地表现出兽性和奴性的生命状态。现分别阐述如下：

奴性，我们放眼看去，身上有多少重奴：一、房奴；二、车奴；三、婚奴；四、孩奴；五、卡奴；六、手机奴；七、人情奴；八、名牌奴；九、购物奴；十、工作奴——真是奴性十足啊。

鲁迅说："面子是中国人的精神纲领。""面子"一词道出了中国人的外求心态，从这个意义上说，面子也能解释上述"十奴"了，越重视面子的人，奴性越足，我来详细解读一下。

很多时候，租房比买房更划算，但人们还是想买房，因为买房有面子，聊天时也能自豪地说："我有房子了。"父母在老家脸上也有光彩："我的孩子在城里买房了。"

在今天这个公交、地铁、出租车、专车、共享单车过剩的时代，坐公交车和打车是最经济也是最方便的做法，但人人都争着买车，因为买车有面子，父母在老家脸上也有光彩："我的孩子买车了，年底开车回老家也是很风光的事情。"

结婚已成为年轻人的头等大事，但由于经济和观念的原因，很多"80后""90后"不想早结婚，甚至不想结婚。但父母逼婚逼得紧，甚至市场上还有出租女友和男友的业务，以满足年轻人春节回家糊弄父母的愚孝需求。

终于结婚了，很快就会成为孩奴，因为父母想抱孙子啊，否则在老家会被人笑话的。另外，很多老年人精神空虚，也需要有个孩子玩玩，所以他们逼着孩子结婚再逼孩子生孩子，光生孩子也就罢了，还要生儿子，我就见到过不少想生儿子，直到生了三个女儿才肯无奈罢休的年轻夫妻。

　　读到这里，你是否发现房奴、车奴、婚奴、孩奴全都和老父老母有关？事实上，这是一种悲哀，一种持续千年的悲哀。中国的父母和孩子之间有着说不清道不明的情愫，老父老母以爱的名义对孩子干涉得太深，其结果是爱到精疲力竭，老人才肯放手，这就是五味杂陈的中国式的爱。很多农村老父老母尽其所有为孩子买房买车出彩礼，目的只有一个——为家里生个孩子，让家延续下去，至于后代是否优秀、是否幸福，他们往往不去思考。所以，很多受过高等教育的年轻人会认为这是老一代的愚昧，我认同这个观点，但每一代人都有每一代人的愚昧，接下来，请看看我们这一代人的愚昧，我发现其程度绝不亚于我们的父辈。

　　信用卡是冲动消费的温床，仿佛刷卡的一刹那是不需要付钱的，于是很多年轻人办了好几张信用卡，来回倒腾，拆东墙补西墙，到还款的时候甚至都不相信这是自己的消费，还打电话到信用卡中心去核实，活脱脱一个卡奴。当然现在的信用卡支付已变成手机支付了，其带来的消费冲动比刷卡更为激烈，付款的时候连密码都不用了，只需要指纹或刷脸，速度之快令人惊讶。所以有些年轻又虚荣的大学生，由于信用卡透支而无力还款，甚至走上卖身或自杀的道路，何其可悲。

人们发明手机是为人所用，但如今的情况是手机在玩人，中华大地，室内室外，人手一机，除了睡觉，很多时间都在看手机，因此而受伤、致残致死的案例屡屡发生；人与人之间延续了数千年之久的面对面聊天突然变得很尴尬，只有拿出手机仿佛才舒服一点；夫妻在家里甚至也用手机聊天，真是荒诞。人们通过各种社交工具相互拉群、直播、发朋友圈，圈子仿佛扩大了，其实却缩小了，变得前所未有的封闭；人们每天在手机上看各种无聊的毒鸡汤和狗血剧，眼睛仿佛看到了全世界，其实却什么也没看见；心灵仿佛被金句洗涤，然而却更加荒芜，正如狄更斯在《双城记》里说的："人们面前应有尽有，人们面前一无所有。"

　　手机仿佛成了现代人身体的一部分，且在大量消耗身体的能量，导致身体一些器官萎缩甚至死亡——手机屏幕让眼睛和颈椎变坏，大量寡淡的信息让大脑的思考能力降低，各类手机支付系统和应用程序在快递的推波助澜下让人们的双腿萎缩，让心脏缺乏活力……

　　中国是最有人情又最没人情的国家，因为人情已经把人压垮——同事间的婚嫁或生子宴，让刚毕业的年轻人直不起腰；回到老家，七大姑八大姨的人情往来也是一笔大开销，所有这一切都要用钱购买，而且在商家广告的暗示和推动下，送礼成本越来越高，在农村有句话叫"人情大似债"，可见人情奴的现象是自古有之的。

　　名牌恰好满足了中国人的面子情结，经济早已发达的地区，人们对名牌的追捧度就越低，所以欧洲国民的消费观都已趋于理性，他们创造名牌给其他国家的人使用，所以美国、日本、韩国、中国等国家就成了名牌的最大簇拥者。如今，中国已是世界第一大奢侈品消费国，中国人对奢侈品的追逐已是全球之最——有卖肾购买者，有卖身购买者，有拿着现金排队购买者，有扫货购买者，有挥洒半年血汗购买者，有购买仿货者，有购买假货者。

满街流动的名牌除了展示出物质消费的升级之外，也揭示出这个社会的虚荣、虚伪、无知和浮躁。有两个场景让我印象深刻：一次，我在苏州，红灯将一辆红色奥迪TT敞篷跑车留在车队中，我看到车里两个二十多岁的小伙子，一边喝着红牛，一边优越感爆棚，旁若无人地聊天，车里放着激情的音乐，他们自己也陶醉其中，仿佛就是告诉正在等红灯的人，快来看我们吧！每次看到这样的场景，我都很担心——跑车的速度、红牛的激情和年轻人的狂躁，这简直是通往地狱的大门啊。最近一次，我在杭州也看到一个开着法拉利跑车的小伙子利用等红灯的时间拆开包装盒，从里面拿出一个LV手包，能感受到他迫不及待的心情，他必须马上看到新买的LV手包，我也看出了他拿出LV手包时的那份满足感——事实上，这些开着跑车想去哪里就去哪里的人，貌似很自由，其实并不自由，他们被名牌和欲望铸造的金丝牢笼绑架得动弹不得，也是一个华丽的可悲的群体。

我不禁问自己，难道他们真的喜欢这些名牌吗？可能是吧，也可能是别人羡慕的眼光让他们喜欢拥有这些名牌的感觉，是无知的人们推动了他们对名牌的追逐。他们在追逐名牌时的言行举止又使他们成了社会无知的一部分,这是恶性循环,永无止境。我不禁又问自己,拥有这些名牌真能让人快乐吗?从心理学的角度来看,这些快乐都是短暂的,很快就会麻木,于是有些人再寻求更刺激的快乐,直到毒品的出现,直到跌入人生的万丈深渊,万劫不复。

刚才的案例似乎是有钱人的疯狂,接下来说说普通老百姓的疯狂:每年的购物节,年关或假日,大学生们都拿着父母的血汗钱购物,比拼衣服、鞋子、手机和电脑,并在学校里形成人以群分的标志;职场人士的购物热情也很疯狂,人们随意购买,随意退货,随便一个小东西就下一次单。商家为了迎合消费者,你下单我就卖;各大快递公司为了抢生意,你敢卖我就敢送。于是小区和写字楼的垃圾存放处充斥着各类快递包装盒,有些甚至还不能降解,给地球和子孙后代造成长久的伤痛。

很多次,我在网上买书时都尽量把不着急看的书收藏起来,一次性购买。一来组合购买更便宜,二来可以减少包装盒的使用量。谈到包装,我痛恨那些过度包装的商家,一个大大的包装盒里放着一个小小的商品,难道人与人之间就非得这样包装吗?或许向外求索的人都喜欢用这样的方式来获得短暂的快乐——被你欺骗的快乐,欺骗你之后我的快乐。

看看自己的家,摆放了多少不用的商品,这些商品又占用了多少每平方米数万元的房子空间,辛辛苦苦买一套房子,却用来堆放无用的商品,真是可笑。在此,我把《道德经》里的那句"多藏必厚亡"警示语送给那些曾经和我一样的购物奴们。

我的很多学生都是老板,有些甚至称得上是企业家。我和他们交流时，发现他们除了工作还是工作，其实以他们的财富来说，三辈子都用不完，但他们依然无法停止工作。为什么呢？支撑他们持续奋进工作的因素有很多：有名利的因素，有惯性的因素，有内心苍白只能把时间花在工作上的因素……除了这种种因素外，还有一份深深的责任——对企业的情感，对员工的责任，对社会的责任，这些因素和责任交织在一起，让那些光鲜亮丽的老板、企业家成了工作奴。

我常和他们说两个观点：第一，不要退休，要退而不休，因为对大多数精神匮乏的人来说，工作是奖赏而非惩罚，很多退休人员快速衰老就是被退休惩罚的；第二，尽量不要被员工绑架，要控制好自己的欲望，也要引导员工的欲望，要丰富自己的精神世界，也要丰富员工的精神世界。

当然，要做到不被员工绑架是很难的。员工在"九奴"的推动下找老板加薪，不加薪就辞职。天下员工都一样，于是老板被员工绑架，成了员工的工作奴，加上之前的"九奴"，成功晋升为"奴性十足"的老板。同样，商场如战场，老板在市场竞争和"九奴"的推动下使劲给员工施加压力，员工干不好就要丢饭碗，天下老板都一样，于是员工被老板绑架，成了老板的工作奴，加上之前的"九奴"，成功晋升为"奴性十足"的员工。

《道德经》上说："得之若惊，失之若惊，是谓宠辱若惊。"这从另外一个角度阐述了向外求索的惊恐之状。有人买了个LV包包，兴奋得整晚睡不着觉，左看右看，捧在手上，生怕包包受伤，睡觉前还把门锁好，生怕包包被偷，此为变态心理，这就是"得之惊喜状"；有一次，一不小心，这个人的 LV 包包在墙上刮破了一块皮，他郁闷了半天，恨不得抽自己耳光，这就是"失之惊恐状"。想象一下，一个又惊又喜又恐的人，怎能得到快乐呢？

我曾看过一个故事：财主家隔壁住了一对磨豆腐的小夫妻，每天都很快乐，边做豆腐边唱歌。财主的太太说："你看人家这么穷还快乐，我们家富有却不快乐，真是奇怪。"财主说："这不奇怪，我马上就能让他们不快乐。"说完就把一大块金子丢到隔壁，果然，过了一会儿歌声就没了，财主对太太说："看，没歌声了吧。"隔壁小夫妻得到了一块从天而降的金子，内心经历了：惊喜——有钱花了；担心——如果用掉了，别人来要，怎么应对；谴责——用不劳而获的钱是不道德的；恐惧——这钱会不会带来灾祸；纠结——要还是不要呢？丈夫说这钱不能要；妻子说你傻啊，有钱不要，两人从当初的唱歌到现在的吵架。这是得之若惊，失之若惊，得失之间还吵架，哪里还有快乐呢？这对小夫妻成了金子的奴，哀哉。

以上阐述，是奴性十足的种种场景。事实上，向外求索的人也更偏向于兽性，什么都敢杀，什么都敢吃，什么钱都敢赚，什么事情都敢做。在食品和药品领域，禽兽不如的商家屡屡挑战人们的底线——毒食品、假药品，甚至连孩子的疫苗都敢下手，让人触目惊心。在教育培训行业也出现了很多充斥着巨大泡沫的课程，这些衣冠禽兽的"培训师"把很多学员忽悠得倾家荡产。在我看来，这些受害者是可怜的，而衣冠禽兽者是可悲的，因为天网恢恢疏而不漏，老天是不会算错账的。

连慈善领域也充斥着很多"禽兽",2016年我们到云南做慈善,捐款时却遭到了拒绝。开始时,我们很纳闷:"给你们送钱,你们却不要,真是奇怪。"后来我们才知道,这些学校曾多次被打着慈善幌子的衣冠禽兽们推销过,被搞怕了,校长们条件反射地认为我们也是这样的慈善骗子。经过多次沟通,校长才在半信半疑中接受了我们的捐款。真应了《红楼梦》太虚幻境里的上联,"假作真时真亦假",悲哀。

如何惩治这些无知无畏的衣冠禽兽呢?除了完善法律之外,心灵教化已迫在眉睫。《道德经》里的"不敢进寸而退尺"这句话或许是一剂良药,今人多汲汲于名利,无所不用其极,都在思考"敢",却很少思考"不敢"。

综上所述,向外求索只能求得可怜的物质,却要付出奴性和兽性的代价。奴性和兽性是人类痛苦的根源,正如本节标题所言:向外活,寻求快乐,却难得快乐。

事实上,无论是奴性还是兽性,都是人性缺失的表现,于人而言,人性多一点,奴性和兽性就少一点,去一分奴性和兽性,就多一分人性,人也就多一分快乐。

第二节 向外活的情绪状态

刚才谈到了向外活的人会更多地呈现出奴性和兽性,接下来和读者朋友们分享一下向外活的人会呈现出的情绪状态:恐惧、焦虑、郁结、麻木,这些情绪往往让人心力交瘁,苦不堪言。下面我详细分析一下人是如何产生这些情绪状态且如何去克服这些挑战的。

恐惧是正能量最弱、负能量最强的一种情绪状态，即将崩盘的事业，即将结束的生命，都会给人带来恐惧的情绪和感觉。所以很多绝症患者在知道自己得了绝症后，很快就进入生命倒计时，其中很大一部分原因是被自己的恐惧情绪吓死的。

如果说生活在恐惧情绪里的人是少数，那生活在焦虑情绪中的人就实在太多了。奴性越多的人越焦虑，如果你是奴性十足的人，你一定是个重度焦虑者；相反，如果你是个重度焦虑患者，你一定是个奴性十足的人，有必要通过心理、饮食、运动和中医同时调理身体，否则，长此以往，会对身心严重不利。

比焦虑情绪稍微轻一点的状态则是郁结，也就是郁闷和纠结的情绪状态，常处于郁结状态的人，首当其冲的就是伤肝，表现在脸色上就是暗淡无光，缺乏自信，这类情绪患者的生活和工作往往也都不如意，所以更加郁结，人生进入恶性循环，并慢慢地进入麻木的生命状态。

麻木的人就是心如死灰的人——哀莫大于心死。有个词叫麻木不仁，不仁者就是麻木者，麻木者就是不仁者；仁就是杏仁的仁，是种子的力量，是生命的力量，是心的力量，不仁就是心已死。如何判断人心已死？《论语》中说："孝悌，仁之本与。"就人而言，仁的根本就是孝悌，所以大家要测试自己是不是还有仁心、心是不是已麻木，就问问自己对父母还孝否？对自己的兄弟还悌否？《孟子》说："恻隐之心，仁之端也。"所以大家也可以问问自己还有没有恻隐之心，比方说看到路边两车相撞，你的第一感觉是什么呢？

A. 车怎么撞成这样？日本车的铁皮真薄；

B. 哎哟，人有没有受伤啊，心头一颤；

C. 没感觉，习以为常了，经常能看到撞车事件。

选 A 的人关注的是车，选 C 的人没有关注，这两种状态都属于麻木状态，选 B 的人则有一颗活泼泼的恻隐之心。当然通过"羞恶之心""辞让之心"和"是非之心"也能测试人的麻木程度。

很多人常在恐惧、焦虑、郁结、麻木这几种状态之间切换，长此以往，其世界就充满着抱怨愤怒、自暴自弃、同流合污、放荡沉沦，言行举止自然也带着负能量，成为社会的破坏者。有些人在经历风雨沧桑后越发感慨生命的无常和无奈，从此更加信奉自己优先的人生信条，于是便成了或粗暴或精致的利己主义者，成为社会上一股麻木不仁的力量。也有些人，他们深度思考生命的意义，修炼自己，远离恐惧、焦虑、郁结和麻木，寻找幸福和自在的生命状态。很庆幸，我在三十五六岁的时候开始寻找，如今我找到了生命的方向——此心光明，我朝着光明的方向前行，我愿意把幸福分享给走进我生命中的每个人，这也是我写书开课的动力和使命。

要治病，需知道病的原理，接下来我分析一下人们为什么常处于恐惧、焦虑、郁结和麻木的情绪状态。我觉得就是因为一个"要"字——要名、要利、要传代；说到要名、要利，我相信全世界的人都容易理解，但说到要传代，大概很多中国人都能感同身受。当人的恐惧感、焦虑感和郁结感特别强烈的时候，人就会变得更加麻木。现在我能理解鲁迅笔下那群麻木的中国人，但今天的麻木和鲁迅笔下的麻木又何尝不是一般光景呢？

接下来，再分析一下人们为什么如此渴望"要"呢？我觉得原因有四个：一是贪婪的想得到的心；二是可怜的怕失去的心；三是羊群效应；四是惯性。我分别阐述如下：

一、贪婪的想得到的心

就像我在前文所说的，贪婪既与人的禀性有关，也与人的习性有关。清朝人钱德苍写了一首名为《解人颐》的诗，对贪婪人性的刻画可谓入木三分，现摘抄如下：

> 终日奔波只为饥，方才一饱便思衣。
> 衣食两般皆具足，又想娇容美貌妻。
> 娶得美妻生下子，恨无田地少根基。
> 买到田园多广阔，出入无船少马骑。
> 槽头扣了骡和马，叹无官职被人欺。
> 县丞主簿还嫌小，又要朝中挂紫衣。
> 作了皇帝求仙术，更想登天跨鹤飞。
> 若要世人心里足，除是南柯一梦西。

如今是个物质极大丰富的年代，可以说，人心的贪婪造就了物质的繁华；相应的，物质的繁华也助推了人心的贪婪。任何事情都有个度，否则最终受损的还是人类本身，落到个体上就是此人、此家的灾难。

关于贪，我曾写过这样一段话："贪食，食伤身；贪财，财定空；贪名，名必臭；贪色，精气损；贪玩，志必丧；贪知，很不智。"我相信在这"六贪"中有不少人中过招，我自己也是如此，尤其是贪知，在此我分享一下：我算是个比较爱读书的人，家里也买了很多书，书柜塞得满满的，电子书和笔记本电脑里还有一大堆书。很多人大学毕业后基本就不再读书了，我或许是由于职业的缘故，抑或是真的从读书中找到了快乐，总之，我从未停止过读书。除了睡觉之外，其他大多数时候，只要有空闲，我都在读书，但这样贪婪的阅读并未让我感到充实，反而让我越读越空虚，最后回归中国传统文化，我才找到了自己的根。《道德经》说："为学日益，为道日损。"象山先生说："简易功夫终久大，支离事业竟浮沉。"阳明先生说："却笑从前颠倒见，枝枝叶叶外头寻。"我突然明白了我那颗贪婪的想得到的心错把功夫用在"日益""支离"和"枝枝叶叶"上了。基于这样的理解与醒悟，我在学生中倡导每天大声朗读——这是古老、简单、有效，且眼耳口脑同时运用的学习方法。从 2015 年 7 月 5 日我建群朗读开始，到目前已将近 5 年时间，有五六百人跟着我朗读。尽管每天有这么多的读书刷屏信息，但很少有人退群，因为学习效果很好，学生们从朗读中找到了快乐，增长了智慧；而且我建议学生们把经典文章反复朗读，用心品味，涵养其中，而不要像吃快餐一样浅尝辄止、见异思迁地学习——这种贪大求全狗熊掰玉米式的学习方法很少有效果。

二、可怜的怕失去的心

事实上，想得到和怕失去是一枚硬币的两个面，想得到就是怕失去，怕失去就是想得到。在医院，看到患者的脸上都写满了焦虑，我就能感受到人们那颗可怜的怕失去的心，这完全能理解；但令人遗憾的是，人们总是好了伤疤忘了疼，一旦身体恢复健康，那颗贪婪的想得到的心再次把身体推向病魔的悬崖边，甚至是无底的深渊里。

对普通人来说，人生最大的失去是生命——身体的死亡，所以佛家修行人要先了却生死。但孔子很少谈死，只是说"未知生焉知死"，指引我们要先明白生的意义——"志于道"；如果一个人真能"志于道"，那么于他而言，生是道的流行，死亦是道的流行，生死一如。

以上从"贪婪的想得到的心"和"可怜的怕失去的心"两个角度来阐述人为什么渴望"要"。接下来说说人们想"要"的第三个原因——没有原因——羊群效应。

三、羊群效应

也就是说人们既不想得到又不怕失去，但依然还"要"。因为他身处喧嚣的人群中，完全丧失独立思考的能力，他成了羊群中一只迷失的羔羊，他被羊群传染的同时又壮大了羊群，再继续传染给其他人，人们的无知就这样彼此裂变传染。比方说：人们到双十一购物节，明明不需要却买了很多东西，接着再扔掉；中午下班了，明明不饿却跟着别人一起吃饭，剩下一大半；明明不想结婚，到了适婚年龄，不明不白就结婚了，再不明不白地离婚；明明不想买房，看大家都买，也跟着买，一辈子为银行打工——这就是羊群效应。事实上，大多数普通人都是跟风的，所以有个成语叫闻风而动。

四、惯性

直接举例来说，某个周末，你一人在家，到了 12 点左右，你就想弄点吃的，其实你并不饿，但到点了就想吃。有人说这是生物钟，其实这是一种思维惯性和行为惯性。所以很多人在离开羊群之后依然在惯性的驱动下"要"，因此有个成语叫贪婪成性，意思就是贪婪成了惯性。

如果说"想得到"和"怕失去"是意识思维，那么羊群效应则是无意识思维，惯性就是潜意识思维。明白这个道理后，我们就能更好地理解自己的人生需求，哪些是自己想要的，哪些是自己可要可不要的，哪些是自己不该要的，这样就可以更好地面对工作、生活、爱情、婚姻、教育等诱惑与挑战。带着这样的思维，我们就可以朝着快乐的人生前进。

第三节　快乐的秘密

快乐，顾名思义就是瞬间之乐、短暂之乐。即使如此，于今人而言也是不易的，甚至是奢侈的。下面我们来探寻一下，如何获得这可怜的短暂之乐。

一、从占有到拥有

大多数人一生都被吃穿住用行所累，穿着西装的白领笑蓝领辛辛苦苦干一年就为了买条大金链子，但那些白领金领辛辛苦苦干一年何尝不是为了一个包包、一块手表呢？人们的心被物所迷，围物而转，所以孟子说"求其放心"——把那颗放逐在外的心找回来。当然，人只要活着，就离不开吃穿住用行，但至少不能被这些外物牵着鼻子走吧。怎么办呢？只要将占有的思维变成拥有的思维，就海阔天空了。有首歌唱得好"不在乎天长地久，只在乎曾经拥有。"天长地久就是占有的思维，曾经拥有就是拥有的思维。

事实上，大多数人的痛苦恰恰就来自对天长地久的追求，而做不到曾经拥有的豁达。所以租房子住比勒紧腰带买房子并占有这套房子的人更轻松，租车比买车并占有这台车的人更轻松，买牛奶喝比养一头奶牛的人更轻松，因为轻松，所以快乐。事实上，前者有些像美国式的思维，后者有些像中国式的思维。

二、不管

人的很多不快乐都来自人际冲突，人际冲突的核心就是控制。领导要控制员工，父母要控制孩子，夫妻要相互控制。之所以要控制，原因很复杂，有责任、利益、权利、爱、虚荣等因素。毫无疑问，任何人都不希望被控制，哪里有控制，哪里就有反抗。孩子在青春期的叛逆行为，就是在报复父母，报复他们小时候对自己的管控。但有人说："'不管'在现实生活中是行不通的，父母不管孩子能行吗？"这样的反问看似有道理，但我不禁要问："父母天天管孩子，结果呢？"我相信，很多人都能从父母对孩子的管和不管中找到若干成功案例与失败案例，但我的建议是在管和不管之间偏向于不管，这样双方都能更快乐，而且更能获得各自的成功。

管是缺乏智慧的表现，也是能力不够的表现，不管是无为而治的思维，是大智慧的体现，天地对一切都貌似不管，但一切都在其掌控之中——掌控着四季的变化、昼夜的更替、人的生老病死。我这里所说的不管更多的是指不要花太多时间管理外面的世界，要把这些时间和精力用于管理自己。管理自己的心——愤怒时管一管，傲慢时管一管，阴暗时管一管，懒惰时管一管。心正了，身就正了，孩子自然也就正了。孔子说："其身正，不令而行；其身不正，虽令不从。"

三、不比

"痛苦来自比较。"这句话道出了人们痛苦的原因，深刻！在物欲横流的今天，人们喜欢争强好胜，你有的，我必须有，甚至要比你的好：你有房子，我要有；你有车子，我也要有；你生儿子，我也要生；你换别墅，我也要换。我身边就有这样的人，好像他这辈子存在的意义就是要超越某某人。我不禁要问，就算你超越了自己要超越的人，还有千万个比你强的人，你怎么超越呢？所以《道德经》说："胜人者有力，自胜者强。"能战胜别人，最多算个有力气的人，能战胜自己，才是真正的强者。所以人要快乐，就要把和外界比较的心用于和自己比较。问问自己：我比昨天更有智慧吗？我身上的赘肉比昨天少些了吗？我的心比昨天更健康吗？我能比昨天更好地控制情绪吗？我能每时每刻都有谦让的心吗？我能爱更多的人吗？我的羞耻底线能更高一些吗？我能比昨天更懂得敬畏吗？我能感恩更多的人吗？正如一位企业家说："当我们梦想更成功的时候，我们有没有更刻苦地准备？当我们梦想成为领袖的时候，我们有没有服务于人的谦恭？我们常常只希望改变别人，我们知道什么时候改变自己吗？当我们每天都在批评别人的时候，我们知道该怎样自我反省吗？"

四、不怨

人有不同的性格，有些人像祥林嫂，喜欢怨天尤人，总把一切不幸和遭遇都归因于外界，总把自己扮演成受害者，好像全世界都欠他的，看谁都不顺眼，这种情绪严重影响人际关系和自己的身心健康。坦白说，在今天这样一个浮躁的快节奏社会中，人很难不抱怨，如开车被人插队，公开场合有人大声喧哗，还有人在电梯里抽烟……如此恶劣的现象，怎能让人不抱怨呢？甚至还会在心里咒骂。

我完全能理解这样的心情，我也曾抱怨过、咒骂过，但除了让自己心塞之外，对别人和社会都不能有任何改变。如今，我将抱怨之心转变成恻隐之心和不忍人之心，就不再怨恨他们了；相反，我会同情他们——人之初，性本善。如今这些不文明行为发生在他们身上，一定与他们的不好学有关，也一定与他们的成长环境有关，他们也是受害者。所以，只要人人都展现一点微笑、宽容和爱，心塞的事就少了，怨恨的心自然也就少了。当西北风吹起，人人冻成狗，怎能不抱怨？当东南风吹起，人人展欢颜，何怨之有？

五、微笑地说"不"

有些国人的劣根性之一就是面子，碍于面子，不好意思拒绝别人，哪怕不合理的事，也不好意思拒绝，把事揽在身上，让自己心力交瘁。所以，人要分清主次，知所先后，别拿自己当救世主，对于可做可不做的事，要果断又微笑地说"不"。

有人说，如果我说"不"，对方会不高兴，这又涉及人生价值观的问题，你的快乐到底是建立在内求的基础上，还是建立在外求的基础上？如果我们能事事都做到此心光明，别人的看法还重要吗？我记得马云曾说过一句话："我不在乎别人怎么看我，但我在乎我怎么看自己。"此言有理，此言有智，此言有勇。

六、自娱自乐

许多普通人很难独处，心闲不下来，手脚也就闲不下来，一闲就发慌，要么找点事做，要么和朋友吹牛，但真到一起时，又会张家长李家短地嚼舌根、辩论、争吵，矛盾四起，彼此不服。我清晰地记得：小时候我特别想和我家隔壁的哥哥玩，一刻也离不开他，他要是不带我玩，我的世界就坍塌了。长大后我开始讨厌那些"群居终日，言不及义"的聚会，我越来越喜欢独处的感觉。其实我也并非真的喜欢独处，只是很难找一个真正能够相对无言却又心灵相通的人，于是只好独处，至少也算是一个人在狂欢吧，正如康德所说："我是孤独的，我是自由的，我就是自己的帝王。"所以很多时候，我宁愿一个人练练书法，无问好坏；我宁愿一个人打打桌球，左手打右手，自娱自乐，没有输赢；我宁愿一个人到湖边坐坐，低头看看熟悉又陌生的爬虫和小草，感受它们的悠然，抬头看看迎风摇摆的树叶、自由飞翔的小鸟、千形万状的云彩，还可以自由地深吸一口气，我喜欢这样的自娱自乐。

以上分享的是获得快乐的一些思维方式，希望能让有缘的读者朋友对照自己，调整心态，向快乐出发。但有一点要特别说明的是：只要你还有一颗强烈外求的心，无论怎样调整，都无法获得持续的快乐；即便对自己糟糕的言行举止洞若观火，也无法控制自己那颗贪婪的想要的和可怜的怕失去的心，所以向外活的人注定是痛苦的，只是有人痛得清清楚楚，有人痛得不明不白而已。所以，以上分享的内容只能从思维层面调整自己，让自己获得短暂的快乐，而要让自己从快乐走向常乐——幸福，只有一个路径——向内求索。

第四节　向内活，心上用功

谈到向内活，很多人想到了佛家和道家的修行者，他们远离红尘，隐居修行，这或许也是一种向内的活法，这也非常好，但这不是我寻求的向内的活法，我是孔子的学生，我要成人，立身行道，修齐治平，带着这样的思维，我继续和有缘的读者朋友分享——

内是指内心，向内活就是擦亮自己的内心，注重自己的心灵品质，这并不是一个多么复杂的形而上的话题。心是身的主宰，擦亮自己的心，关注心的品质，通过吃、喝、拉、撒、睡、工作、交友等一切形式来体察心的活动，用阳明先生的话来说，就是磨炼，即在做事中磨炼，通过事上磨炼来磨亮自己的心。

人心本是半张白纸，刚出生的小孩被称为赤子，其心被称为赤子之心，所以人们常说某某某真有一颗赤子之心，就是说这个人的心还未被世界污染。

我们分析一下，人的心是怎样一步步被污染的。准确地说，有些刚出生的婴儿，其心也不是百分百清澈了，因为胎儿在妈妈肚子里已被"污染"——被妈妈的浮躁、郁闷、纠结、痛苦、愤怒和阴暗的情绪"污染"，被妈妈所处的环境"污染"。今天准妈妈们所谓的胎教就是给孩子听听音乐，听听唐诗和故事；古人的胎教相对更严格，《颜氏家训》对胎教的描写很精彩："古者圣王有胎教之法：怀子三月，出居别宫，目不邪视，耳不妄听，音声滋味，以礼节之。"意思就是说，"古时圣明的君王就有胎教的方法：女子怀孕三个月时，就出去居住在别的房子里，眼不看不该看的，耳不听不该听的，所听的音乐、日常的饮食，全都要受礼法约制。

所谓修心，就是将已被污染的、面目全非的"假心"修复到清澈的、光明的"真心"状态。在结果上，阳明先生谓之"此心光明"，孟子谓之"尽心知性"，老子谓之"返璞归真"，佛家谓之"明心见性"。

既然心上有污垢，我们就要把污垢冲刷掉，儒家把冲刷的过程叫作"修身"，无论是大脑、眼睛、耳朵、嘴巴、鼻子、手脚、身体都是靠心来主宰的。我们说一个人毛手毛脚，其实是说他的心，说一个人贼眉鼠眼，也是在说他的心，说一个人外在的一切，都是在说他的心，因为境由心造、相由心生。

接下来，我分享一下如何在心上用功。古人把在心上用功的学问叫心学，宋明两朝的贤达们在这方面的研究已登峰造极，尤以阳明先生为最，他是心学集大成者，所以现在很多想探索生命智慧的人，都在学习阳明心学。

心上用功可从孟子的"察端扩充"开始，时刻体察自己的"心之四端"：恻隐之心"仁之端"、羞恶之心"义之端"、辞让之心"礼之端"、是非之心"智之端"。事实上，就算是十恶不赦的大恶人也会有此四端，只是大多数人没有察觉到，更没有将其扩充开来而已，而圣贤却能把这四端扩充开来，让整个心时刻处于恻隐、羞恶、辞让和是非之状态，这就是孟子所说的"尽心"。"尽心"之后才能"知性"——知道真正的人性，才可能成为真正的人。最后就是"知天"，即儒家所说的与天地参，抵达天人合一的圣人境界。所以要在心上做功夫，按照孟子的说法就是五个进阶：察端、扩充、尽心、知性、知天；当然在这之后依然要做漫长、艰难又自得的存心养性的功夫。

孔子说："回之为人也，择乎中庸，得一善，则拳拳服膺而弗失之矣。"孟子说："舜之居深山之中，与木石居，与鹿豕游，其所以异于深山之野人者几希。及其闻一善言，见一善行，若决江河，沛然莫之能御也。"由此可见，颜回之所以能成为圣贤，就是因为"得一善，则拳拳服膺而弗失之"，舜之所以能成为圣贤就是因为"闻一善言，见一善行，若决江河，沛然莫之能御"。事实上，我们普通人也能得一善，但很快就失去，这就是我们和圣贤的最大区别。

综合来说，我们普通人都有善端生发的时刻，只是未察、未扩、未充、未尽而已。下面我从吃的角度来类比说明——我们普通人看到美食，立刻被其颜色和香味所触动，这就是"察"；马上想去吃，吃了一个觉得好，再买一个，真好吃，又买一个，这就是"扩"；后来索性开一个店来卖这种美食，就是"充"；

从此他整个心上都是这种美食，这就是"尽"，终于真正理解这种美食，就是"知"。好色也是一样的道理，如果人们能把好美食和好色的功夫用到心上，人人都能成为圣贤，但很少有人这么做。所以，阳明先生说"贵目贱心"，孔子说："吾未见好德如好色者也。"

谈到在心上用功，很多人会想到佛家的打坐甚至是闭关，当然，闭关、打坐确实也是在心上用功夫的重要方式，但用完功之后，人总是要出来做事的，所以在每件事上体察自己的良心，这对于大多数人而言，可能是更适合的方式——"事事不忘光明此心，时时不忘光明此心，念念不忘光明此心"，如果能做到这样，我想就有机会抵达"此心光明"的圣贤境界了。

举一个对我很有感触的例子。我每次骑车去公园游玩，都会经过一个红绿灯，遇到红灯时，我都静静地等待；可笑的是，除我之外，几乎每一辆电瓶车都无视红灯，刷刷而过，这种强烈的对比，让我更能体察心，体察我那颗静待红灯的是非之心，体察别人那颗刷刷而过的麻木之心。事实上，我和他们的心是一样的，只是在等红灯这件事情上，我有一颗活泼泼的是非之心——关注自己、关注他人，而他们却有一颗麻木的死心——不关注自己的生命，也不关注他人的生命——万一闯红灯导致自己被撞，家人怎么办？万一闯红灯导致后车追尾怎么办？所以，活泼泼的是非之心就是智慧的开始，在心上用功夫就这么简单，就是通过每件事来感知自己的心，仅此而已。再举一例，看到路边一条被轧死的狗，心头一颤，这就是恻隐之心，若能把这颗恻隐之心不断放大，就成了慈悲之心；在公交车上看到一个孕妇挺着大肚子，给她让座就是辞让之心，若能把这颗心不断扩大，扩大到让出王位（君权）的程度，就是圣贤；打开电脑或手机，若跳出色情图片，心里立刻就生发羞耻感并立刻关闭，这就是羞恶之心在发用。

以上文字是我所举的生活中人人都能遇到的几个小例子，想告诉有缘的读者朋友，在心上用功是细微且无处不在的，从晚上睡觉、早晨起床、刷牙洗脸、开车开会、洗碗拖地、散步逛街到与人交流，以至呼吸眨眼都是在心上用功。我曾看过这样一个小故事，有人问修行的和尚："这些年修行有没有什么进步？"和尚说："有进步。"那人问："什么进步？"和尚说："吃饭就是吃饭，睡觉就是睡觉。"那人说："这能算什么进步，我也是这样。"和尚说："那不一样，我吃饭时就在吃饭，睡觉时就在睡觉；而你吃饭时想着睡觉，睡觉时想着吃饭。"修身就是如此简单，却又如此艰难，因为人的禀性和习性是非常顽固的，时刻向心发难，非大智大勇者很难战胜禀性和习性所产生的行为惯性。

第五节　向内活，事上磨炼

上文所说，心是身的主宰，要在心上用功，必须通过做事来检验，上文也通过一些案例来让读者朋友体验如何在做事中磨炼。接下来，我系统地分享如何循序渐进地在做事过程中磨炼自己的心性。我从五条路径来展开，每条路径都有三个阶梯，读者朋友可以找到一条适合自己的路径并参照我提供的三个阶梯，简单、艰难又幸福地朝着光明前进。

路径一：少、无、中

解释如下：面对自己积重难返的习性和禀性，我们可以制订改善计划，先从量上控制，再慢慢改掉这些缺点，最后达到几乎不可能的中庸之状。以抽烟为例来说明，从之前的一天一包到现在的一天半包，再逐渐减少，这就完成了第一阶梯——少，这对大多数人来说，难度不大；再逐渐用功，直到把烟戒掉，这就完成了第二阶梯——无，只有少数人能做到这一点；最后到了无所谓抽不抽的和光同尘之状，这就达到了济公酒肉穿肠过的境界——中。

路径二：不伤、利人、利万物

解释如下：我们在做事的时候，首先要做到不伤害自己，乍听这是个可笑的观点，而事实上人们每天都在伤害自己，看手机伤害眼睛；露脐、露胸、露背、露膝盖，寒气入身；熬夜和酗酒等各类纵欲就更不用说了，所以我说人们每天都在伤害自己。古人说："身体发肤，受之父母，不敢毁伤。"而今人则肆意毁伤，所以修炼的第一步就是不伤害自己的身体——这就是不伤。在这个基础上再想着爱他人，方法是先从爱自己的家人开始，有余力再爱自己的朋友，若再有余力，就去爱更多的人，给他们财物和智慧上的帮助，让他们更幸福——这就是利人。最后抵达利万物之境界，帮助"有生有气有灵"的人，还要帮助"有生有气无灵"的动物，还要帮助"有生无气"的植物，还要帮助"无生无气"的黄土、枯木和石头，对世界上的一草一木都充满着情感，全然一颗柔软心，这样的人自然是慈眉善目的，又怎能不幸福呢？

路径三："四避""四非""四毋"

解释如下：很多人对外界的声色犬马是毫无抵抗力的，当然要是真想抵抗，方法也很简单——逃避，逃避喧嚣浮躁的KTV，逃避满嘴跑火车的人，逃避黄色的电脑页面，逃避恶俗的小视频，正所谓打不起还躲不起吗？逃避是抵制诱惑最简单有效的方法，只要愿意，人人都能做到。更高境界是做到"四非"——非礼勿视，非礼勿听，非礼勿言，非礼勿动。这里先要理解礼的更本质的意涵——礼者理也，即礼是合于天理的。比方说，当我们避无可避，不得不加入一场充斥着纸醉金迷的泡沫聚会，我们无法干涉别人的言行，但我们可以严格要求自己。当然，在这样的场合对于向外活的人来说，是很难做到"四非"的：一来他自己控制不住；二来他会自我欺骗，什么入乡随俗啊，什么客随主便啊，什么不要做另类啊，什么照顾主人的感受啊，这些都是外求人的借口，而对于内求在心上用功的人来说，答案只有一个，那就遵照心的呼唤——"四非"。最高境界是"四毋"，这是圣人境界——毋意、毋必、毋固、毋我。

路径四：不说假话、敢说真话、浩然正气

解释如下：对于在心上用功的人来说，首先就要做到不说假话；但很多人会说，在如今的社会上，不说假话很难，我也能理解这样的现实处境，当我们被逼要说假话时，我建议用沉默、微笑、打哈哈来代替——无论如何也不能睁着眼睛说假话。如果真做不到"不说假话、敢说真话"，至少也要做到"真话不全说、假话全不说"的状态。长期坚持在心上用功，不说假话、敢说真话，就有可能呈现出一种"富贵不能淫，贫贱不能移，威武不能屈"的浩然正气，呈现出一种"说大人，则藐之，勿视其巍巍然"的生命气象。

路径五：事中改过、事后补过、不贰过

解释如下：知错能改，善莫大焉，如果我们仔细体察就会发现，我们每时每刻都在犯错，但很多人任由错误继续下去，甚至还将错就错，文过饰非，长此以往，心就沉沦了。在心上用功的人，发现错误立刻就改，说两件让我印象深刻的小事：一件事是，我在散步的时候，一不小心将橘子皮扔到地上，几乎同时，我意识到自己错了，说时迟那时快，我已离橘子皮三步之外，怎么办呢？如果放在以前，我肯定一走了之，但当我决定在心上用功时，我果断回身将橘子皮捡起，拿在手上，遇到垃圾桶再放进去，所以，在心上用功，必表现在行为上。另一件事是，我在杭州西湖边给学生讲课，下课后，我沿着湖边散步，看到一辆共享单车停在岸边，随时有可能被风吹入湖里，我随即升起一个想将其挪动位置的是非之心，但习惯思维带着我已站一天的疲惫的脚继续前行，我的是非之心在继续扩大，最后我回去把车挪了一下位置。这两个例子都是事中改过，在心上用功就这么简单，就这么具体。当然，有时候错已铸成，木已成舟，我们要勇敢地弥补过错，比方说你曾经有意或无意地伤害到一个朋友，当然，时间的风已将这件事吹散了，但天知地知你也知，我建议你勇敢地说出来，请求他的原谅并作出补偿，我相信你的朋友会因此而感动。事实上，很多时候人与人之间缺的不是钱和物,而是一份诚意——这就是事后补过。当然,最高境界是复圣颜回的"不贰过"境界。

第六节　人生的幸福方程式

首先说一下幸福和快乐的区别。如前文所述,快乐是短暂的乐,且更多是由物质层面的刺激达成的,是靠外在力量来推动的,所以快乐很不稳定,一会儿就没有了,而且建立在外在层面上的快乐体验也容易让人审美疲劳;而幸福更多是出现在精神层面,且能直接触及人的心灵深处,所以这种乐是持续长久的——常乐,正如《论语》所说:"贤哉,回也!一箪食,一瓢饮,在陋巷,人不堪其忧,回也不改其乐。贤哉,回也!"又如《中庸》所说:"君子素其位而行,不愿乎其外。素富贵,行乎富贵;素贫贱,行乎贫贱;素夷狄,行乎夷狄;素患难,行乎患难;君子无入而不自得焉。"当然《论语》和《中庸》所描述的状态,事实上已超越幸福并抵达自在的圣贤之境了,我只是用这样的文字来描述一下幸福的感觉。所以幸福是一种常乐状态,我国有个成语叫"知足常乐",这就是人生幸福方程式的开始——知足、感恩、付出。

在古汉语中"知"和"智"是通假字,所以"知足常乐"就是"智足常乐",也就是智慧足了,人才能常乐,这样的表述是完全说得通的。所以智足就是知足,知足就是智足,一个知足又智足、智足又知足的人一定懂得感恩——感恩上天让我成人，感恩父母赐予我生命，感恩社会提供工作的平台和机会，于是他一定会珍惜生命，孝顺父母，奉献社会，人生进入良性循环而充盈自在。一个不知足、智又不足的人，则常常感觉生活乏味，觉得活着没意思，要么抑郁、要么放纵，甚至还抱怨父母能力太差，以致自己的起步平台太低，无爹可拼，无老可啃；抱怨房价太高，消费太贵，这些抱怨者很少去想如何改变自己。当然，我也知道有些抱怨确实事出有因，但抱怨能解决问题吗？

有一次，我在课堂上说："要感谢这个时代给了我们这么好的机会。"有个做皮革的学生却半真半假地说："时代要感谢我们，是我们创造了产品、就业和税收。"我不能说他的说法完全错误，正所谓时势造英雄，英雄造时势，但秉持这样思维的人，会觉得全世界都欠他的，他能幸福吗？我说的幸福方程式并非什么哲学理论或心理学理论，而是我在长期受传统文化熏陶过程中形成的切身感受。

我是个知足的人，我常常感慨：我何德何能，社会给了我这么多，我必须感恩这个社会，尽我所能感恩这个社会，我不仅限于心存感激，我还要将感恩的心付诸行动。从2015年开始，我自己带头并发动我的学生捐款捐物，到今天为止，我们累计为云南、贵州、四川、宁夏捐赠了十万多件衣物，六百多万助学金，几万本字帖，还有数千把雨伞和数百条床单，我本人也十次走进这些贫困山区。凭良心讲，我们只是希望为社会做点有意义的事情，我们不想得到任何荣誉，事实上我们也并未接受当地政府的任何表彰、奖状和锦旗。今天我很惭愧地写出这些文字，只是为了表达我们要用行动为我们脚下的土地做些什么，我喜欢艾青老师的一句诗："为什么我的眼里常含泪水，因为我对这土地爱得深沉。"

这么多年的体验告诉我，想幸福很简单，知足即可，真正知足的人自会感恩，贪婪的人只会索取。感恩不是口头禅，而是切实的行动，在行动中我们的爱才能传递，我们的心才能被滋养，人才会幸福。

感恩社会不仅仅是百万元的慈善捐款，也是给乞丐老人一元钱；感恩社会不仅仅是去养老院慰问鳏寡孤独，也是公交车上给老人让个座；感恩家庭就更简单了，与父母通个电话，给他们一个拥抱，告诉父母"您辛苦了，我爱你"，就这么简单。我相信我们一定也在过去的日子里，从这样简单的天伦之乐中得到过满足和感动，这就是滋养人心的力量，这就是幸福的方程式；如果每天都知足、感恩、付出，我们就能持续地获得快乐，就能获得幸福的人生。

写到这里，《智慧父母：四堂修炼课》的第一课就要收尾了。我想说，唯有在认知自己的基础之上，才能谈改变自己，只有真正地"知"才能"行"，阳明先生说："知行合一，知之真切笃实处即是行，行之明觉精察处即是知。"孙中山先生说："知难行易。"所以，真知必真行，不行必不知，有鉴于此，我才用这么多篇幅写认知自己。

前文我曾引用阳明先生写的诗："人人自有定盘针，万化根源总在心。却笑从前颠倒见,枝枝叶叶外头寻。"看到这首诗,我很感动,每个人都有自己的定盘针,那就是良知,外在的一切,都是心的折射,与其向外界寻找,不如向内心寻找,这就是我之前所说的向内活。而在如今这个信息如潮水的时代,很多人都在枝枝叶叶上寻求答案,却一直在原地打转,哀哉。

正如我在文章开头所写,每个人都喜欢改变别人,战胜别人,却很少喜欢改变自己,战胜自己,这真是把力量用错了地方啊。《道德经》上说:"胜人者有力,自胜者强。"这句话给了我深刻启示,并让我作出持续的改变。马云曾说过一句很有哲理的话:"心中无敌,则无敌于天下。"是呀,一个人能战胜并消灭了心中的敌人——贪婪、恐惧、焦虑、郁结和麻木,让心呈现出光明的状态,自然能无敌于天下。

千言万语汇成一句:"认识自我,改变自我,放下自我,超越自我。"这样才能修炼好自己,教育好孩子,经营好家庭,绽放出生命的光彩。

第二课

教育孩子

　　孩子是希望，是家庭的希望，是国家的希望。无论一个人的事业如何成功，都不能忽略对孩子的教育，越是成功的人，越注重对孩子的教育。教育对于国家来说，更是百年大计，只有做好教育，家国才有未来。正所谓本立而道生。至此，我明白了为何孔子能历经数千年而越发光辉灿烂，因为他是首开平民教育的华夏第一人，在孔子之前，只有"上等人"才有享受教育的资格，"下等人"是没有资格享受教育的。唯从孔子开始才"有教无类""自行束脩以上,吾未尝无诲焉。"自此以后，教育对中华民族的延续和发展起到了不可估量的作用。

　　中国的教育虽然一直饱受各种诟病，但依然不能掩盖它的很多闪光点，比方说中国的基础教育就非常优秀，虽然压抑了人的很多创造性，但我们依然无法否定基础教育对中国成功的巨大贡献。只是过去很长一段时间，中国人才呈现"两头内中间外"的尴尬局面，随着近年来中国综合实力和科研环境的改善，人才开始出现大量回流的现象，相信中国的教育必将回馈中国的发展。

第一章 我、孩子、世界

第一节 你的孩子，其实不是你的孩子

"你的孩子，其实不是你的孩子。"这是黎巴嫩诗人纪伯伦《致孩子》中的诗句，或许很多人对这句话并不理解，我用它作为本节标题，引出我的观点：你的孩子首先属于他自己，属于自身对生命的渴望，借由你的身体而来到这个世界，所以你的孩子首先是生命层次上的人——独立之精神，自由之思想。其次，他是社会人，在社会中扮演着各种角色，从近到远，他是你的孩子，家的孩子，国的孩子，地球的孩子。

谈到人，我想请问：我们很多家长真的把孩子当人看了吗？请允许我很心痛地回答：没有！大多数的中国家长并未将孩子当人看，而是将孩子当角色看，我观察到很多中国家长常把孩子当成如下角色：玩具角色、依靠角色、香火角色、梦想角色、面子角色、传承角色。且听我细细说来。

一、玩具角色

这里有两个说法：一方面，有些年轻人自己喜欢小孩，于是想生个孩子，常在社交平台上看到很多父母发"遛娃"的图片，很显然，"遛娃"这个词是从遛狗演变来的，从这种演变可以看出，人们在潜意识里确实将孩子当成了玩具；另一方面，老父老母已退休，没事可做，特别想抱孙子，这是中国人的常

见心态,所以很多儿女为了孝顺自己的父母而生了孩子,一来是对老父老母的孝心,二来给他们消磨时间。

二、依靠角色

人类最初的群居就是为了获得安全感,彼此有个依靠,到后来的婚姻,也是为了寻找彼此的依靠,巩固并延续安全感。中国自古就有"养儿防老"说,所以中国人在集体潜意识里都希望生儿子,因为生女儿会嫁出去,就成了别人家的人,儿子能养自己的老。现在网络上也流行一句暖暖的话,"我陪你长大,你陪我变老",暖暖的温情也说出了人们在潜意识里对彼此依靠的诉求。

三、香火角色

古话说:"不孝有三,无后为大。"所以延续香火是中国家庭的大事。在古代,皇帝的三宫六院基本都靠生儿子晋级,大户人家的大小老婆也是靠生儿子才能体现其家庭地位。现在很多农村地区依然有延续香火的传统,不生出儿子不肯罢休。当然,如果财力和身体都允许,一直生也无可厚非;但在实际生活中,出现过很多令人啼笑皆非的笑话——有人背着老婆在外面生儿子;有人在老婆默许的情况下与别的女人生儿子,且在生之前就谈好价格……真是大千世界无奇不有。

四、梦想角色

很多父母因为自己或时代的原因,曾经的梦想无法实现,于是将梦想寄托在下一代身上。比方说,我父亲在年轻的时候,读书成绩很好,但由于家里贫穷,辍学种田,父亲发誓一定不让他的两个儿子过面朝黄土背朝天的日子,于是我和弟弟从小就承载了父亲的梦想。我相信我的状况代表了大多数20世纪七八十年代的同龄人。而如今,我们这代大学生很多人都在城市里落户生根,于是也希望自己的孩子能考上名校,甚至想让孩子上清华、考北大,所以很多时候孩子承载了父母的梦想。

五、面子角色

这说出来真有些荒唐,孩子成了父母的面子,而事实上,在中国确实如此。现在很多中国人爱用名牌炫富,但真正的炫富是生三四个乃至五六个孩子,这才是富。在某些地区孩子生得少是被人看不起的,这是一种令人啼笑皆非的现象。当然,如果孩子有一天能飞黄腾达,父母更是以子为贵,这样的例子在中国古代和现代都很普遍。

六、传承角色

有些父母认为自己容貌好,要传承;有些父母认为自己智商高,要传承;有些父母认为自己的某项天赋突出,要传承;有些父母觉得家业大,要传承;有些父母虽然没什么优势,但看到大家都在传承,自己也要传承。

我写以上六大角色,并不是为了批判,而事实上,很多角色对社会的发展是极为有利的。比方说,香火角色就是中国人生生不息的关键因素,欧美日本等国家和地区的出生率很低,不婚族和丁克族已成为社会延续和发展的大问题,甚至会导致民族的灭绝。再比方说,梦想角色对我和我的家庭就起到了极大的推动作用,如果我的父亲没有那样的远见,我也绝不会有今天。所以,我能理解父母将孩子当成角色,但我又不能理解父母将孩子当成角色;我觉得父母首先要将孩子当成人看,然后才能将其当成角色看，这是我本节要倡导的核心。

将孩子当人看的核心就是关注孩子心灵的成长，这方面我在前文已做过大量表述，但很遗憾，今天的父母依然忽略孩子的心灵成长。正是看到这个重大的隐患与缺失，我希望能用自己的力量去做一些杯水车薪的努力，但冷漠的现实给了我若干个无情的耳光，让我至今都感慨万千。在此，我想用文字简单又详细地描述一下我那颗单纯又受伤的心，事实上，这不是我的悲哀，是群体和社会的悲哀。

我从2006年开始从事教育培训行业。在我和团队的精心耕耘下，我开设的专门针对企业家、企业总裁、企业二代接班人的《舌行天下：总裁演讲》培训课程很受市场欢迎，五天课程的学费已达到八万多元，而且还有上涨空间。学生们从全国各地飞赴杭州，他们不但跟着我学演讲，还有一部分人跟着我做慈善，他们出钱、出力、出时间，多次跟着我走进云贵川和宁夏地区，还有部分学生和我一起投资了公司，并庄严承诺——只投资不分红，公司所有盈利全部捐赠社会和做慈善，起心不可谓不美，动念不可谓不善，用情不可谓不真。

于是我信心十足地将七万多元的课程修改、调整和优化，将《大学》《中庸》《论语》和《孟子》的部分内容加入课程中；我给课程取了个响当当的名字：《少年正气说：演讲口才》，关键是，学费只要一两千元。我有意把价格定得很低，希望让更多普通家庭的孩子都能走进课堂，用正气滋养孩子们的心灵，我甚至还允许父母陪同孩子一起听课，不另收费。

我们兴致勃勃地和当地的青少儿培训机构谈合作，我们说孟子的"吾善养吾浩然正气""立天下之正位,行天下之大道",我们说文天祥的"天地有正气,杂然赋流形,下则为河岳,上则为日星",我们说王冕的"不要人夸颜色好,只留清气满乾坤"。我们信心满满地说课程能给孩子带去很大的价值,但很多少儿培训机构的老板根本不相信我们的话,认为我们是有阴谋的,直接拒绝我们;有些人对我们半信半疑,持观望态度;有些人对我们敬而远之;有些人悄悄地对我们说:"现在的家长是不会为正气买单的,他们只要课程好玩,孩子开心,能拿证书,你们的课太正啦,卖不掉的。"

我写了很多文章,没人愿意看。有人告诉我:"现在的家长哪有时间看文章啊,都在刷小视频呢。"经过不断的碰壁和打击,我已确认,要让陌生的家长接受"正气"无异于攀登蜀道。所以我和团队决定以退为进,直接从父母入手,于是有了《智慧父母:四堂修炼课》这本书,我希望通过此书此课能遇到有缘的智慧父母,再通过他们将正气传递给更多的孩子和家庭。尽管又有朋友给我泼冷水,说宝妈们只会把钱和时间花在脸和身材上,很少有人花在心和脑子上,但我依然相信,在茫茫人海中,我能遇到那个愿意把钱和时间花在心和脑子上的人——弱水三千我只取一瓢饮。

我写了这么长的文字,不仅是向读者倾诉我的遭遇,更希望能引起读者的注意:第一,正气难道真的只是一个装饰品吗?第二,孟子提倡的"富贵不能淫,贫贱不能移,威武不能屈"的生命气象,难道只是我们的口头禅吗?那些被包养的女大学生不正是被富贵所淫吗?那些偷鸡摸狗之辈不正是被贫贱所移吗？那些巧言令色之徒不正是被威武所屈吗？你又怎能保障你的孩子在未来不会沦陷为他们中的一员呢？但正气就能保障你的孩子的人生不偏航，不弯曲，不发霉。可是人们为什么又如此抗拒呢？请思考！

回到本节标题"你的孩子，其实不是你的孩子"，但你的孩子，其实是你的孩子，甚至也可以是你的角色，这都没问题。但他首先得是一个人——人的根本标志是人心，所以请关注孩子心灵的成长——正德的培育——正气的涵养。

综上所述，孩子首先是人，其次是你的孩子和角色，再次是家和国的孩子。下面详细阐述孩子是家和国的孩子。

既然孩子是家的孩子，首先就要培养他亲近家庭成员的习惯。写到这里，有人会想，难道父母不想让孩子亲近家人吗？事实果真如此！

举例一：爷爷奶奶和外公外婆争风吃醋的案例就很多，爷爷奶奶认为孩子是他家的，自然要和他们更亲一些，外公外婆有他们自己的孙子孙女去亲近，不应该再霸占别人家的孙子孙女。这样的说法站在角色的角度上有些道理，但若把孩子当成人来看，自然是站不住脚的，是荒唐的。

举例二：出于人的自私，很多时候，爸爸妈妈问孩子，你是更爱爸爸，还是更爱妈妈？为人父母者可从细微之处感受自己的自私心，很多爸爸妈妈是不是希望孩子更爱自己一点点，更亲自己一点点，我就问过儿子："你是更爱爸爸还是更爱妈妈？"儿子说："两个都爱。"我接着诱导他："到底爱谁更多一点？"儿子用孩子的语言说："两个都更爱多一点。"说实话，在自私心的驱动下，我心里还有点受伤的感觉，当然更多的是，我为孩子的那份天真高兴；我紧接着就说："正气大轩，太棒了，你的回答非常好，你要爱所有的人，爷爷奶奶、小爸小妈、哥哥姐姐，还有外婆家的所有人，都一样爱，这就是亲亲，知道吗？"儿子说："知道。"我继续引导："而且还要爱外面的小朋友、叔叔、阿姨、伯伯、老爷爷、老奶奶，这就是仁民，知道吗？"儿子说："知道。"我接着引导："不但如此，你还要爱小狗、小猫、小鱼、小鸟、玩具、树叶和石头，这就是爱物，知道吗？"儿子说："知道，我还要爱地球。"我听完很感动，我希望我的孩子还是国家和地球的孩子，爱自己的祖国，爱脚下的土地。我常和他一起手舞足蹈地唱"我爱你中国，心爱的母亲；我为你流泪，也为你自豪"。

第二节　孩子的四个世界

在我的概念中世界分成四种：一、现实的世界；二、书本的世界；三、网络的世界；四、心灵的世界。这四种世界适合于任何人，当然也适合于孩子，不同年龄段的人对不同的世界会持有不同的态度，下面我从孩子的角度阐述这四个世界。

一、认清现实的世界

很多父母想保护孩子单纯的心灵，于是刻意美化、遮蔽很多现实世界的事实。当然，我觉得对于两三岁的幼儿来说这样做是正确的。我曾听闻一个欧美的案例：劫匪劫持了一个两三岁的幼儿，警方和劫匪进行了一段时间的拉锯，最后将孩子救出，事情结束后警方封锁消息，笑眯眯地对孩子说，刚才我们玩了一个很棒的游戏，好玩吗？这种对孩子幼小心灵的保护真让人感动。但事情要一分为二地看，对稍大一些的孩子，我们要勇敢又智慧地帮助他们认识现实的世界和世界的现实。比方说，协助孩子认识性的世界，对性的态度不能压抑，甚至要引导孩子，和孩子开放式地分享这些知识，因为这是一个势必会被孩子触及的世界，不能神秘，更不能压抑，以现在孩子的成长环境来说，小学一年级的孩子就在探讨这些话题了，父母一定要做好这方面的引导。再比方说，坑蒙拐骗、贪污腐败、吸毒赌博、嫖娼卖淫、假酒假药，这些事儿都可以让孩子知晓，引导孩子了解现实世界，更要引导孩子不被这个世界污染，这真考验父母的大智慧。

二、拥抱书本的世界

我认为这是在孩子读书时期最应该做的事，如果父母能引导孩子阅读经典图书，无论是画本、少儿版、青春版、成人版，还是原版图书，对孩子的成长无疑都是最有价值的，但最好不要让孩子过早地接触电子阅读，要让孩子对纸质图书有情感。书本能以最快的速度拓展人的认知边界，能以最快的速度带着孩子抵达世界上最遥远、古老和未来的时空，可以不断滋养孩子的心灵茁壮成长，所以莎士比亚说："书籍是全世界的营养品，生活里没有书籍，就好像没有阳光，智慧里没有书籍，就好像鸟儿没有翅膀。"高尔基说："书籍鼓舞了我的智慧和心灵，它帮助我从腐臭的泥潭中脱身出来，如果没有它们，我就会溺死在那里面，会被愚笨和鄙陋的东西呛住。"但中国教育的红舞鞋让更多孩子疲于奔命地写作业，这也没办法，在这种环境中，就更需要父母觉醒，并运用自己的智慧协助孩子规划时间，做对未来更重要、更有价值的事情。这些思维和观点，我渗透在本书的字里行间，但愿读者朋友通读全书后，能理解和感受到。

三、节制网络的世界

很多人在鼓吹"90后""00后"是天生的互联网人，仿佛他们一生下来就在互联网中游泳。或许这样的表述没有错误，但我依然很担心孩子过早地接触网络——屏幕的亮光会损坏孩子的眼睛，网上未经验证的信息会误导孩子的判断，直接搜索的答案会废掉孩子的思考。有一次我在山东，看到一个三岁大的孩子，竟然能很熟练地打开手机，滑动屏幕，找到四五个层次里的信息。爷爷奶奶喜忧参半，孩子的父母倒是满心欢喜（因为孩子的父母也是爷爷奶奶心目中的问题孩子，小夫妻都是游戏迷）。不管专家如何鼓吹网络的价值，我依然固执地认为，智慧父母要引导孩子进入一个少网络或有节制的网络世界。而要让孩子较少沉浸于网络世界，最好的方法莫过于引导孩子花更多时间进入书本世界、现实世界和大自然的世界——在这个过程中，父母高质量的陪伴和与孩子共情式的相处就显得尤为重要。

四、滋养心灵的世界

在前面一课，我花了大量笔墨写了心灵世界的话题，滋养心灵世界并不是刻意遮蔽，相反要让孩子认清现实世界和网络世界的残酷与浑浊，用书的世界、家庭教育和智慧分享去点亮孩子的心。心灵世界如何与现实世界、网络世界相融相合，我想用周敦颐《爱莲说》中的那段经典文字予以解释："予独爱莲之出淤泥而不染，濯清涟而不妖，中通外直，不蔓不枝，香远益清，亭亭净植，可远观而不可亵玩焉。"淤泥就是现实世界和网络世界，清涟就是书本世界，莲就是心灵世界。或许有人反问，凭什么说现实世界和网络世界就是淤泥而不是清涟呢？其实，现实世界和网络世界中也有很多清涟，但对孩子而言，很多时候现实世界和网络世界是鱼龙混杂且不能选择的，容易被污染，所以我称之为淤泥，而书本世界是可以选择的，选择那些已经滋养一代代人的传世经典是不会错的，所以我称之为清涟。智慧父母应该帮助孩子认清现实的世界，拥抱书本的世界，节制网络的世界，滋养心灵的世界，这样才能让孩子找到真正属于自己的世界。

第三节 7岁以前，你是我的"老师"

如果你阅读了第一课的文章，你就知道孩子不是一张白纸，而是半张白纸，因为上天已经在孩子成为孩子之前画好了这张白纸上的一半色彩。但相对而言，孩子还是单纯的，他们的世界里没有成人世界的条条框框。毫无疑问，他们是最靠近

"人"的人，所以他们在正在觉醒和已觉醒的父母眼中是当之无愧的"老师"，在未觉醒的父母眼中，他们依然是什么都不懂的小屁孩。

父母如何觉醒，这也涉及父母与"人"的姻缘，很悲观地说，大多数父母一辈子也不能觉醒，少部分父母处于觉醒与不觉醒之间，我大概属于这少部分中的一员吧，但我渴望成长，渴望成长为一个觉醒的人，甚至是大觉悟的人，如孔子一样的人。所以，我第一课所写的内容与其说是写给读者看的，不如说是写给自己看的。

想觉醒的父母首先要做的就是放下自我：放下自我的标签、固执、对错、美丑、善恶、好坏、高低、好恶、角色、身份以及所谓的思想，这都是二元世界的对立，也是矛盾的根源。放下这些自我，感受孩子的世界，你会发现这个世界存在着无数种可能性，无论我们怎样探索都无法抵达。如《论语》所说："钻之弥坚，仰之弥高，瞻之在前，忽焉在后。"又如《道德经》所说："是谓无状之状，无物之名象，是谓惚恍。迎之不见其首，随之不见其后。""惚兮恍兮，其中有象；恍兮惚兮，其中有物；窈兮冥兮，其中有情；其情甚真，其中有信。"

一、要发自真心地感恩、接纳和爱这位"老师"

父母发自真心地拥有这份心态，对教育孩子来说是核心的核心，父母要感谢上天把这个小生命带到你的身边，永远记住你第一眼看到他们时的心情，那就是初心，要记住这份感恩和爱的初心。但父母会说，孩子太烦了，软硬不吃，问题太多，吵死人，把家弄得像垃圾场，衣服一天要换好几次，跟在他后面忙都忙不过来，还怎么感恩呢？

要回答这个问题，就要回到人生价值观，要回答生命的意义，读者朋友可参阅本书第一课和第四课。如果你认为生命的意义是吃喝玩乐，那很显然，孩子的出生就是个负担，而事实上很多丁克和单身族就是基于这样的思维而不要孩子的，这无可厚非。但如果你认为生命的意义是心的光明，心的觉醒，是心恢复到赤子的状态，那眼前的"老师"不正是我们要学习的对象吗？不正是我们要感恩的对象吗？所以我每天都要和儿子拥抱N次，亲吻他的额头和脸颊，无数次对他说同样的话："爸爸爱你，谢谢你来到我的身边，谢谢你让我感受这个世界的美好与柔软，谢谢你让我走进你的世界，你让爸爸变得更成熟更美好，你让爸爸探索了未知的世界……你太厉害啦，你是我的老师……"我经常重复这些话，我的感恩之情溢于言表，所以无论他做什么说什么，我都能和他有效互动。当然我并不是无条件地纵容孩子，溺爱孩子，这里面的细微差别会在时间的催化下导致谬以千里的巨大不同，这一点，还请读者朋友读完全书再通盘理解。

我发自真心地接纳和爱我的儿子，但我也清楚地觉察到，有时候，甚至是很大一部分时候，我爱的不是儿子，而是他身上的优秀表现，准确地说，是迎合我价值判断的优秀表现，这不是觉醒的我，每当这个时候我就感知，愚昧向我袭来。

我常徘徊在觉醒与愚昧之间，感谢儿子给我修炼的机会，让我在与他的互动中看清自己的世界。我要做到无条件地接纳和爱我的孩子，只有这样，我才能影响并引导我的孩子。没有无条件的接纳和爱这个最根本的教育理念,所有的沟通技巧都是纸上谈兵,甚至让孩子觉得父母很虚伪,令人讨厌。所以,我告诉自己:

我无条件地接纳并爱眼前这个文静羞涩的孩子,他已感受到我的接纳和爱,我信任他,他也信任我,他更愿意被我影响,我也愿意被他影响,我们一起成长。

我无条件地接纳并爱眼前这个固执己见的孩子,他已感受到我的接纳和爱,我信任他,他也信任我,他更愿意被我影响,我也愿意被他影响,我们一起成长。

我无条件地接纳并爱眼前这个成绩中等偏下的孩子,他已感受到我的接纳和爱,我信任他,他也信任我,他更愿意被我影响,我也愿意被他影响,我们一起成长。

我无条件地接纳并爱眼前这个逃避畏缩的孩子,他已感受到我的接纳和爱,我信任他,他也信任我,他更愿意被我影响,我也愿意被他影响,我们一起成长。

我无条件地接纳并爱眼前这个郁郁寡欢的孩子,他已感受到我的接纳和爱,我信任他,他也信任我,他更愿意被我影响,我也愿意被他影响,我们一起成长。

我无条件地接纳并爱眼前这个毛手毛脚的孩子,他已感受到我的接纳和爱,我信任他,他也信任我,他更愿意被我影响,我也愿意被他影响,我们一起成长。

我无条件地接纳并爱眼前这个专横霸道的孩子,他已感受到我的接纳和爱,我信任他,他也信任我,他更愿意被我影响，我也愿意被他影响，我们一起成长。

我无条件地接纳并爱眼前这个……的孩子，他已感受到我的接纳和爱，我信任他，他也信任我，他更愿意被我影响，我也愿意被他影响，我们一起成长。

读者朋友，请你轻声朗读这段文字，千万不要想着自己做不到。你要相信觉醒的父母是能做到的，因此，这些文字不是纸上谈兵，而是真真切切的生命体验。你可以尝试调整自己的呼吸，让自己进入安静和平的状态，朗读以上文字，边朗读边想着你的孩子，去无条件地接纳和爱他，哪怕这份接纳和爱并非完全真实和纯粹，也要每天对自己暗示，这样会起到不一样的作用与效果。

事实上，当你真心感恩、接纳和爱孩子本人而不是他的优点时，你所呈现出的文字系统、表情系统和身体系统都将统统发生变化。语气会不由自主地变柔和，也会蹲下来看他，甚至是仰视他，会抚摸他，自然会带着欣赏和感动的眼光看他；而孩子的心是最敏锐的，他几乎能在同一瞬间感受到你的状态，于是他也会顺随你的状态而变化，亲子之间恢复到本然的亲密无间，我不知道这段文字是否能让你发出长叹，甚至迫不及待地去和孩子一起感受一下这种觉醒的感觉。

觉醒的父母会将孩子的一切喜怒哀乐作为自己生命的奖赏。让自己成长，让自己改变，让自己的心光明，让自己变得更有智慧，所以觉醒的父母能真正地做到无条件地感恩、接纳和爱孩子，而不是只爱孩子的优点。

二、向"老师"学习，模仿"老师"

模仿孩子，是件很有趣的事，在大人眼中，孩子是不正经的，站没站相，坐没坐相，有时候我不禁要问："为什么要有那么多相呢？"何不学学孩子呢？我经常向儿子学习，模仿儿子，他跑着吃饭，我也跟着跑，他跳着吃饭，我也跟着跳，我模仿孩子的声调、语气和肢体语言，我不但可以和他同频共振，建立感情，还找回了小时候的天真灿烂，真是非常感谢我的小老师。从孩子身上，我又开始探索很多被忽略的简单的问题，他一个又一个看似"无知"的"为什么"让我一次次看清自己的无知和渺小，于是，我更能理解黑格尔所说的"熟知非真知"。

三、不要批评指责和干涉，顺着"老师"的做法往下走

当孩子做了一件离谱的事时，往往遭到大人的批评教育甚至训斥打骂。事实上，所谓的离谱也只是以成人的眼光看世界觉得离谱而已，也就是说，这个离谱只是成年人约定俗成的一种认知或风俗习惯而已。

我看到一个故事：

女儿："妈妈，给你半块钱。"

妈妈："还有一半呢？"

女儿："给爸爸了。"

很简单的一个对话，接下来妈妈应该做什么？我相信有的妈妈会说："浪费啊，把钱撕断就不能用了。"也有的妈妈会说："钱上有很多细菌，不要拿钱。"还有的妈妈会说："你对钱没有概念，长大后怎能赚钱呢？"或许还有其他教育、批评和指责，妈妈们希望通过每个机会让孩子变得更好。这样

的妈妈就完全没有将孩子视为老师，而是将孩子视为其教育的对象。

觉醒的妈妈或许会这样说："啊，太棒啦，你真公平，给爸爸和妈妈一样多，妈妈要学习你的公平心；而且你做到了视金钱如粪土，好厉害啊……"当然，这样的对话，可以视孩子年龄大小来定。所以觉醒的妈妈能将一个简单的甚至是破坏性的行为顺着孩子的天性去探索，得出了孩子"公平""不知贵贱"的天地之大德——《道德经》说："天地不仁，以万物为刍狗。"说的就是："天地是无所谓仁与不仁的，将万物和刍狗一视同仁。"所以，一场暴雨会冲走泥沙，也会冲走谷物，孩子会把纸撕掉，也会把钱撕掉，这难道不是一种天地之德吗？

很多时候，孩子的行为正是遵照《道德经》所说的"人法地，地法天，天法道，道法自然"的教导而行事的，孩子的行为正是效法天地，顺道而为。所谓的对错，只是父母用成人世界的眼光得出的自我判断，从本质上讲，这不是教育孩子，而是戕害孩子。

普通父母总会用自我的标准来要求孩子、控制孩子、表扬孩子、赞赏孩子，请注意：只要是用自我的标准来教育孩子，就是在限制孩子——限制孩子的更多可能性。觉醒的父母会顺着孩子的行为和孩子一起探索未知的世界，以便和孩子共同成长——生命的成长。

再说个例子：

科学家斯蒂芬格伦在回忆他幼年的一段经历时说道：

有一天，他试图从冰箱里取出一瓶牛奶，取出后刚走几步，就失手将牛奶瓶掉落在地上，顿时，厨房里一片狼藉。

他的母亲闻声而至，然而她没有发火，也没有说教，更没有处罚他。她说："哦，我从来没见过这么多牛奶洒在地上，真有意思啊。好了，反正已经洒在地上了，在我们收拾干净之前，你想玩一会儿吗？我想，玩牛奶说不定也是很有意思的。"小格伦真的就玩起了牛奶。

几分钟过后，他的母亲说："开心吗？牛奶是你洒的，也应该由你来收拾干净。现在，我这儿有海绵、抹布和拖把，你想用什么？"小格伦选择了海绵。他们一起将地上的牛奶和杂物收拾得干干净净。

接着，他的母亲又说："刚才没拿住牛奶瓶，说明你还没学会如何用一双小手拿一只大牛奶瓶。现在，我们到院子里去，在一个瓶子里装满水，看看你能不能发现一个很好的搬运方法，使瓶子不会掉落到地上。"小格伦反复实践，直到牛奶瓶在搬运过程中不会掉下来。

这是一位觉醒的妈妈，一个能体会孩子世界的妈妈，如果没有孩子来做我们的老师，母亲根本无法探索这美好的世界；同样，如果没有这位觉醒的母亲，小格伦或许也无法成为卓越的人才。

写小格伦和他母亲的例子时，我突然想起自己的一件事，也与读者朋友分享一二。大约在2010年，我开车过十字路口时和一位卖西瓜的农用车相撞，我的新车撞瘪了，农用车虽然没有受大伤，但急刹车的惯性将车里的西瓜摔得满地都是。我们下车看现场，卖瓜的兄弟很着急，我一边安慰他，一边顺手捡起一个裂开的西瓜，边啃边打电话报警，边啃边打电话给保险公司。路旁围观的人觉得我很奇怪。或许，我的世界依然还有一份童真，这或许也能说明我和我家"老师"玩得很投入的原因吧。

各位想觉醒的父母：对于7岁以下的孩子，不妨少些批评、指责和干涉，顺着孩子的方向去探索，让孩子带着我们抵达梦中也未曾到过的地方，去感受生命的喜悦。

四、只负责保护"老师"身体的最低安全度

我说顺着孩子的行为往下走，顺其自然，很多家长就有疑惑了，这不是教我们对孩子放任自流吗？有这样的疑惑很正常。我们先来看看普通父母与觉醒父母的差别。其差别就像看世界的三个层次：低层次看山是山看水是水，中层次看山不是山看水不是水，高层次看山还是山看水还是水。说得通俗一些，其差别也像自来水与冰川水的差别，冰川水是未经任何污染的天地之水，而自来水是经过人为控制的人造之水。所以同样是不管控，对觉醒的父母来说，就是顺其自然，对普通的父母来说，就是放任自流。

我建议父母不要过多干涉孩子的行为，除非在危险和极端的情况下才出手干预，也就是说，我们只需保护孩子身体的最低安全度。举例：有一次我在烧水泡茶，儿子来到我身边指着壶问我："爸爸，这个烫不烫？"我说："当然烫啊。"他问："能不能摸？"我说："你试试看。"然后，我就用手背来演示迅速触摸的方法。儿子也学着我的样子感受壶的温度，于是他知道了烫的感觉，我想这是个不错的探索。我没有给他讲大道理，也没有恐吓他，只是顺着他的思维和行为去陪着他探索，并确保他的安全底线。所以，智慧的父母永远鼓励孩子去探索，却又随时为孩子准备并铺设回家的路；而普通父母总是剪断孩子飞翔的翅膀，却又埋怨孩子不能飞得更高。

第四节　7岁以后，你是我的朋友

和孩子交朋友，这看上去有些挑战，尤其是父亲和女儿交朋友，母亲和儿子交朋友，或许将面临更大的挑战；但我想只要大家能够按照如下步骤，我相信天下父母都能与孩子成为朋友。

一、让朋友喜欢你

喜欢一个人需要理由吗？或许不需要，有首歌唱得好："莫名，我就喜欢你。"莫名里自然有缘分，但就算再好的因缘，也需要施肥灌溉。在这里，父母要明白一个显而易见却又常被忽略的事实，那就是亲子情感是需要经营的，就算血浓于水，也是要经营和滋养的。事实上，任何东西都要养，孟子说："苟得其养，无物不长；苟失其养，无物不消。"

如何滋养和孩子的关系而让孩子喜欢我们呢？我认为最简单最重要的是陪伴——正确的有效的陪伴——用孩子喜欢的

方式陪伴，一定能赢得孩子的心。陪孩子吃，陪孩子喝，陪孩子玩，陪孩子做孩子愿意做的事情，把自己放到孩子的位置，我相信孩子一定会喜欢你的。为人父母，千万别只成了孩子的提款机和厨师，那真是悲哀；我听过两个人说到自己的郁闷和失败，一位父亲说："我发现只有当女儿找我要钱时才喜欢我。"一个母亲说："我发现只有给女儿做好吃的时候，女儿才喜欢我。"

这里很多父母又说了，照你的思维来陪孩子是不是放纵和溺爱呢？担心有理，别着急，我绝对认同孩子的规则意识和行为边界，事实上，只要和孩子确认了最底层的价值观，孩子的行为就一定不会出格太多——如果你的孩子整天做些出格的事，那一定是因为你未和孩子确立最底层的人生价值观，或由于你本人也出格。所以，让孩子喜欢我们，是和孩子做朋友的第一步，有了这一步还不行，还需要第二步。

二、让朋友信任你

信任是相互的，要想获得孩子的信任，首先你要信任孩子。人和人之间的信任是最难做到的，成本也是最高的。小到孩子与家长，大到人民与国家，最难的莫过于建立信任，而且信任一旦被打破，想再建立起来就非常艰难——古代的商鞅用徙木立信，刘彻用罪己诏立信，非此霹雳手段不能挽救人心。

我的课堂上来了一位读大学三年级的女生，谈到她的父母时，数次泪流满面，她在我面前痛诉她的父亲是如何不信任她、否定她、打击她，让她完全没有价值感，她总觉得自己是多余的；在读初二那年，有个男孩信任她、肯定她、理解她、他们很快就恋爱了，不成熟的早恋又给她的人生带来阴影，我能理解对面这个女生为何数度流泪。在聊天中，我感觉到她是个有悟性的女生，她如今已理解并原谅了自己的父亲，但那不被信任的伤口依然血流不止并成为她一生的伤痛，这也是不争的事实。

我女儿和她妈妈之间也有信任的裂痕，原因在于妈妈总是妄自猜测女儿的情况，女儿觉得自己总被冤枉。妈妈总是根据过往的行为以及现在的相关迹象判断和猜测女儿会做什么事，会发生什么后果，听上去母女俩都有道理，都很委屈。有一次，母女俩闹矛盾了，我问女儿："刚才，你为什么不回答妈妈呢？"女儿说："不想回答。"我问："为什么？"女儿说："她不相信我。"我问："为什么呢？"女儿说："每次我还没开口，她就把我所有接下来的行为巴拉巴拉地说一遍，而且都是错的。"女儿多次强调，妈妈不相信自己，所以就不想说了，不想解释了，不想争辩了，也不想回应了。

这就是沟通中常犯的"我以为"的错误。"我以为"是人与人之间矛盾和误会的起点，也是彼此伤害的最荒唐的理由。所以，各位父母，儿女的心思你别猜，你猜来猜去也猜不明白。

三、让朋友尊重你

这是一个看似很简单其实很难的事。常言道："熟人旁边无伟人。"从这个角度来说，建立孩子对父母的尊重实在是痴心妄想，无论你多伟大，在孩子心目中你只是父母。有一天，我突然发现女儿房间的门上贴着一张纸条：请先敲门。我才意识到，原来我一直未在这件小事上尊重孩子，却要求孩子尊重我；我突然明白，要获得孩子的尊重，只需要从敲门这件小事做起就可以了。从那天开始，我更加确信我要学会敲门。

事实上，很多父母在家里是完全没有形象的，这样的父母不但不能获得孩子的尊重，还会把孩子带坏，这是很简单却很难做到的事情——勿以恶小而为之，勿以善小而不为。父母要获得孩子的尊重，不在于做了多少利国利民利天下的大事，而在于对生活中一些善小和恶小的事情的态度。

在人际关系中，按照强弱来分，自己和自己的关系是最强的，次之就是自己与父母和孩子的关系，再次之就是自己与兄弟及伴侣的关系，最后是自己与家之外的朋友关系。按道理说，关系越强越亲密，而事实上，在很多人际关系中，关系越弱越亲密。人生中最重要的强关系也就七八个人，而弱关系却不计其数，但人们往往把绝大多数时间和柔情花在这些数不清的弱关系上，却忽略了已经干涸的强关系。所以，若人与人之间能以亲情的强关系为根干，以朋友间的弱关系为枝叶，来经营这棵根干相连的生命之树，该多好啊。这正是孝悌为本、君子务本、本立道生的另一种表达。

和孩子做朋友，这句话我早就"知道"，但让我真正从知道到做到也就是从我写作本书开始的，那也是我和女儿关系最亲密的时候。有一次，我让女儿来茶台喝茶，她说想吃零食，我说你准备零食，老爸准备茶。我和她一起吃着零食喝着茶，从清淡的绿茶聊到香浓的老白茶，再聊到又丑又黑的黑茶，聊到她学校的很多事儿，聊到一起旅行，一起回老家……聊着聊着，我发现女儿长大了，更发现原来没有什么比和女儿这样聊天更幸福的事了。我问女儿，喜欢爸爸这个朋友吗？愿意带爸爸一起玩吗？从女儿的回答中，我觉得自己做得还不错，但依然有很大的成长空间。我愿意放下成年人的经验主义和自以为是，努力靠近女儿，靠近年轻又清澈的生命，和孩子交朋友，提升自己的生命色彩与纯度。

　　我不知道，我的这些文字是否能让同为父母的读者朋友下定决心和孩子做朋友，让朋友关系滋养孩子的青春期，让朋友关系滋养父母的更年期，让青春期和更年期都绽放出最美的春花与秋实。如果不能这样，那就只能接受更年期遇到青春期时的酷热与严寒了。

第二章　了解孩子

第一节　孩子在刷存在感

"现在的年轻人太没教养了,他们嘲笑权威,对长辈毫不尊重,看到老人走进屋子也不起身,和父母顶嘴,不好好工作,就知道聊天,他们简直糟透了。"

"现在的孩子简直就是暴君,他们忤逆父母,吞噬他们的食物,欺凌他们的老师。"

大家感受一下,这两段话像不像我们"70后""80后"的人评价"90后""00后"的口吻呢?而事实上,这两段话是离现在2 000多年的古希腊哲学家苏格拉底说的。怎么和今人口吻完全一样呢?这或许能说明今天的孩子和2 000多年前的孩子在做孩子这件事上没什么差别,因为人的本性、禀性和习性对人行为模式的塑造是一样的。但我想说的是,无论是今天的孩子还是2 000多年前如苏格拉底所描述的孩子,其实他们只是在刷存在感,他们所有的行为都是在呼唤爱。

法国哲学家笛卡尔说:"我思故我在。"说的也是存在感。生活在世界上的每个人都有自己的存在感。"志于道,据于德,依于仁,游于艺"就是孔子的存在感,所以他能做到"人不知而不愠""君子谋道不谋食""朝闻道,夕死可矣";而大多数人的存在感则是衣食住行，所以吃到好吃的，去到好玩的地方都要拍照片或视频发到社交平台，甚至还要带上定位，告诉别人我在巴黎，我在纽约，我在东京，生怕别人不知道。这些行为的目的，除了营销，就是显摆，这是普通人的正常需求，他们在用这种方式找存在感。

如果笛卡尔的存在感是"我思故我在"，那成年人就是"我拍故我在"，婴儿就是"我哭故我在"，儿童就是"我皮故我在"，青春期的孩子是"我逆故我在"。明白这个道理非常重要，我们知道了孩子并不是恶意的，他或许通过这种方式来得到你的关注、认同、赞扬，甚至就是为了报复家长。父母要了解孩子的存在感，要让孩子有存在感，不要剥夺孩子的存在感，鼓励并允许孩子在平等、和平的环境中说出自己的感受，这是建立孩子存在感的最佳方式。而事实上，很多父母习惯于用强大又顽固的自我认知和成人世界的条条框框来打压孩子的存在感，难道不是吗？请注意：孩子所刷的存在感都是在呼唤爱，这才是孩子真正的信号。

第二节　孩子在测试你的安全边界

在孩子和父母的关系中，孩子是相对弱势的一方，所以孩子需要安全感，有时候他们在测试父母的安全边界。比方说，孩子在家里玩得很欢，把花瓶打碎了，恰好那天妈妈的心情很好，没有责骂他，于是他的大脑中就存储一个信息——打碎花瓶没关系；又有一次，他无意中打碎了一个碗，妈妈对他大加指责，这时候孩子就郁闷了，觉得妈妈不可理喻，上次打碎一个贵重的花瓶都没被责备，这次打碎一个碗这么小的事却被大加指责。

当然，父母有父母的考量。有些父母认为，大事可以原谅，小事必须严格，所以责骂；有些父母认为，总是这么不小心，上次打碎花瓶，我没说你，你还不长记性，今天又把碗打碎了，所以责骂；有些父母由于自己心情不好，迁怒于孩子，所以责骂。我能理解父母的每个考量点和出发点，但这种情绪化的行为很容易让孩子无所适从，孩子不知道和父母相处的安全边界在哪里，这才是可怕的事情，父母必须明白孩子的这个心理。

以上两个案例可能是孩子在无意识地感知和父母相处的安全边界。有些时候，孩子却在有意识地刺探和父母相处的安全边界，比方说看电视、玩游戏，他们知道父母可能会责备，但却顶风行事，为的就是测试父母的最宽边界。

面对孩子所谓的越界行为，父母要说出感受，不要发泄情绪。比方说，孩子看电视、玩游戏的时间已大大超过了彼此约定的时间，父母不要动不动就责骂孩子，而要温和而坚定地告诉孩子自己的感受，这样既照顾孩子的感受，让他有安全感，同时也和孩子确认了自己的安全边界，更重要的是父母的情绪得到了释放。

父母必须明确亮出自己的安全边界，不要为了增进感情而和孩子无原则地嬉戏，否则安全边界也会在无原则的嬉戏中变得模糊甚至消失。

请注意，虽然家是最放松的港湾，但父母的一言一行都会形成孩子对安全边界的综合印象，虽然亲情是血浓于水的，但若不经营，血也会被耗干。所以不要做情绪化的父母，前一分钟天上，后一分钟地下，前一分钟春风拂面，后一分钟北风凛冽；要做活泼但有明显安全边界的父母，最好的安全边界是底层价值观。

第三节　了解孩子的情绪发泄方式

可以将情绪简单地分成好情绪和坏情绪，好情绪一般人都能好好享受，像范进中举那样的乐极生悲毕竟是少数，这里不再赘述。大多数人对坏情绪的处理常常令人担忧，坏情绪会极大地伤害孩子的身心；必须通过适当的渠道发泄出来，否则可能导致重大的人生问题。

坏情绪的发泄方式不外乎三种：一、向外攻击。二、向内攻击。三、阿Q精神。到底孩子是哪种情绪发泄方式，父母通过观察孩子的反应就能看出一二。

当父母控制孩子时，孩子顶嘴、辩论甚至和父母动手，这大概就属于向外攻击型。

当父母控制孩子时，孩子生闷气、捶胸顿足、呼天抢地，这大概就是向内攻击型。

当父母控制孩子时，孩子温顺听话、自嘲自解、自我麻痹、不反击，这大概就是阿Q精神型——这里所谓的阿Q精神是个中性词。

事实上，孩子的任何情绪发泄方式都属于这三种类型的混合体，只是每个孩子的偏向度不一样，我写这段文字，并不是要给大家做个什么标准的设立或指导，关键想分享如下几点：

一、提醒父母们要理解孩子对坏情绪的处理方式

当有一天孩子面对坏情绪偏离其惯常的处理方式时，父母需要有个警醒：是不是孩子哪里出问题了。

二、三种情绪发泄方式对孩子的伤害程度不同

三种情绪发泄方式对孩子的伤害程度从高到低依次是：向内攻击、向外攻击、阿Q精神。相比较而言，向内攻击的情绪发泄方式对人的伤害度是最大的，所以你的孩子若有这种情绪发泄方式，要特别引起注意，很多时候，没问题才是有问题，没情绪才是有情绪；要给孩子适度引导，让他朝着向外攻击和阿Q精神方面转移。

三、无论是向内攻击还是向外攻击，都属于攻击型情绪发泄，于人于己都有伤害

建议父母引导孩子从对人的攻击转移到对物的攻击，从粗暴的攻击转移到温和的攻击；鼓励并帮助孩子走出狭小的空间，来到广阔的大自然，从时间和空间的角度来消除孩子的负面情绪。比方说：打拳击、跑步、游泳、打球、唱歌、美食、购物、旅行、和朋友倾诉等。

四、要明白这三种情绪发泄方式的极端表现

向外攻击的极端表现可能是杀人放火之类的社会危害，向内攻击的极端表现可能是自杀，阿Q精神的极端表现可能是麻木不仁、行尸走肉。

第四节　了解孩子的个性

这一节内容，可以写很多，但我只以简短的文字让父母大概了解一下孩子的个性类型。孩子正如世界上的树叶一样，哪有相同的呢？我希望通过本节给父母一个视角去了解孩子的个性。

一、敏感个性

这类孩子天生敏感，很能照顾到别人的情绪和感受，但容易活在别人的世界里，一方面很懂事，另一方面自己活得累，整天疑神疑鬼，过度解读别人的信息。如果你的孩子属于这种个性，要加以疏导，否则容易抑郁，多增加他的体育运动时间，引导他交往个性互补的朋友，这都是不错的策略。

二、活泼个性

这类孩子好像永远长不大。虽然个性没有好坏，但在更短的时间里，甚至在短短的人生中，这种个性是占据优势的，活泼个性的孩子往往开朗大方，他们能哭得泪流满面，也能笑得天翻地覆，这真的很好。但这类孩子也容易变成取悦别人的角色，毫无疑问，这是对人性的糟蹋，不值得。人应该为本心而活，而不是为了讨好别人而活，我相信每个父母都不希望活泼可爱的孩子变成了一个八面讨好的小丑。

三、迟缓个性

这类孩子做事慢吞吞的，你急他不急。这类孩子在今天的社会中越来越多，因为优裕的物质环境会让人养成庸散的个性，父母和这类孩子的矛盾也比较多，仔细一想不难发现其中的奥秘："00后"的孩子基本上都在优裕的物质环境中长大，而他们的父母大多都是从温饱线上走出来的"70后""80后"，危机意识强，行动力也强。所以当快节奏的父母遇到慢节奏的孩子时，矛盾自然就产生了。事实上，对于个性迟缓的孩子来说，父母也不必过于担心，要理解并通过相关方法来影响和干预其节奏，并最终适应其节奏。要相信：未来只要能引导孩子从事适当的工作，也能让其发挥迟缓个性的优势。

四、急躁个性

这类孩子一会儿让父母上天，一会儿让父母入地，他们能把简单的小事夸大其词，整个家庭都被弄得热气腾腾，坐立不安。这类孩子干什么都快，目标感强，当然也会毛毛糙糙，粗心大意，总体而言比较适合当下社会的节奏，就世俗意义上来说，更容易取得成功，但也容易一蹶不振。

孩子的个性并不是单一的，就像前面所说的孩子的情绪发泄方式不是单一的一样，如果你能把这两个部分结合在一起，就会发现，敏感个性和迟缓个性的孩子更容易向内攻击或产生阿Q精神；而活泼个性与急躁个性的孩子更容易向外攻击。

孩子的个性像四季，没有好坏之分，正所谓春有百花秋有月，夏有凉风冬有雪，若有爱意在心头，孩子都是好时节。

第五节 了解你与孩子的情感账户

任何一份感情都需要经营，你不是在滋养感情就是在耗费感情，没有中间状态。亲情、爱情、友情、客情都有一个情感账户，父母要理解和感知亲子账户上的数字，而不要简单地信奉血浓于水这个简单的信条。事实上，血亲就是亲子账户中的原始数字，如果不去经营这个血亲账户，终有一天，亲子关系也会破裂在风中——孩子跳楼、跳桥、割脉、殴打父母、沉迷游戏……要知道这些报道只是冰山一角而已，我相信，如果孩子和父母的情感账户里有充裕的数字，孩子是不会走上绝路的。

摧毁情感账户的方法有很多。语言暴力中的讽刺、辱骂、冷漠、压抑、否定、不信任、不公平都会消耗所谓的血浓于水。父母在失去理智时的一些做法犹如一根根铁钉扎进孩子的心里，以至于终身不得弥合。在前面章节我就曾提到，我的课堂上有两位学生，他们都是企业家，尽管他们已经五六十岁了，但在谈到他们小时候被父母粗暴对待的情景时，几乎落泪，到现在他们都无法真正走出童年的阴影。他们只是承认如今的老父老母是自己的父母，也只是僵化地给他们吃喝与钱财，但永远无法打开父子和母子之间那扇温暖的情感之门。

情感账户包括亲子账户、爱情账户、夫妻账户、友情账户、客情账户，一旦冻结，就很难打开，就算要打开，也只能由强势或觉醒的一方先破冰。在孩子还小的时候，很显然父母是强势的一方，所以父母要以十二分的诚意主动和孩子破冰，共启情感账户。如果父母不主动破冰，以孩子的能量和心智模式，很难在这么小的时候去破冰，于是只能在时间中耗干情感账户中的余额。待到孩子长大、父母老去时，情感账户已冻结太久，以至于积重难返而成为一辈子的伤痛，就像著名作家张爱玲和其母亲那冰封的情感账户，她母亲在临终前写信给她："我现在唯一的愿望就是见你一面。"但张爱玲并未满足母亲的愿望，这是两个绝顶聪明的女人共同的悲哀。

我在写这段文字时，重要的不是去教父母如何破冰，而在于用"情感账户"和"血亲账户"这样的名词引起家长的注意，事实上，全书的内容都在分享如何为情感账户存款。

第六节　从马斯洛的五层次需求看孩子的需求

父母只有了解孩子的需求与心理，才能更好地理解孩子的言行举止。按照美国著名社会心理学家亚伯拉罕·马斯洛的五层次需求理论，我来解读一下孩子的需求。

一、生理需求

即吃喝住用行的需求，这是人存活于世的充分必要条件，对于20世纪七八十年代及之前出生的人来说，由于物资短缺，人们普遍营养不良，虽然父母也尽最大的努力给孩子们提供最好的支持，但孩子们依然感受到生理未被满足的痛苦。这种状况容易让人形成三种心态：一是感恩的心态，感恩父母忍饥挨饿将最好的食物留给自己；二是勤奋的心态，"60后""70后""80后"基本上都很勤奋，生怕再度挨饿；三是贪婪的心态，由于小时候穷怕了，所以这代人中很多都有报复性的贪婪特质，甚至有些人不择手段，导致中国屡屡发生食品药品的安全事件，令人毛骨悚然——从一定意义上说，这都是那代人的生理需求未被满足的结果。穷山恶水出刁民，说的也是生理需求未被满足的现象。

今天，中国的物质从过去的短缺到了如今的过剩，以至于让孩子吃饭成了一个天大的难题，物质过剩又导致了孩子们的三种心态：一是缺乏感恩心，对父母给予的爱，反应很麻木，甚至讨厌，因为父母从小就追着他吃饭，把饭往嘴里塞；二是浪费的心态，今天的孩子根本没有节约意识，当然说到底还是父母没有节约意识所致；三是缺乏进取心，既然父母已将所有的物质都安排得妥妥帖帖，孩子为什么还要拼搏呢？所以，当孩子不为物质的欲望而追求又没有精神的理想来支撑时，孩子的问题自然而然就出现了。

于我和我的孩子而言，对物质需求的满足，我遵从"一个就好，多方体验；可以奢侈，不可浪费"的十六字原则，这也是我对自己的要求。其实"一个就好"是对"不可浪费"的量化诠释，比方说：儿子要买玩具，我会引导他不要买了，因为家里的玩具已经很多了；如果他坚持要买，那我就建议他购买不同类型的玩具做"多方体验"。

每个家庭的经济条件都不一样，对日用品的品质也会有不一样的定义。我将家庭日用品分成无品牌、低端品牌、中端品牌、高端品牌、奢侈品牌这样几种。作为成年的我来说，前些年我使用的都是高端品牌和奢侈品牌，这些年对品牌的概念淡化了，也无所谓了；像我女儿这样一个对品牌正在逐渐觉醒的还在读书的青春期孩子来说，我建议她在读大学以前，使用无品牌和低端品牌，上大学了再用中、高端品牌，走上社会也可以拥有几件奢侈品牌产品，最后让自己变成一个品牌。

二、安全需求

安全需求也是人类需求的底层代码，从有人类开始到原始部落时代，再到家国时代，所有的组合都是为了让个体获得更大的安全感。孩子一出生，来到陌生的世界，尤其需要父母所给予的安全感。这份安全感不仅仅来自安全的、绿色的、有机的的食品，更来自心灵层面的精神食粮。所以我每天数次和儿子拥抱、亲吻、顶额头，无数次重复地告诉他："爸爸爱你，无条件爱你。"有一次他还问我："什么是无条件的爱？"我说："任何时候都爱你，吃饭爱你，睡觉也爱你，就像你之前一不小心把碗打碎了，把印泥弄坏了也没关系，虽然爸爸不喜欢这样的事情发生，但爸爸依然爱你。"女儿现在已经发育成人了，我依然拥抱她，也亲吻她的额头和脸颊，有时候，她由于身体发育的原因而扭扭捏捏，我告诉她："亲爱的，爸爸爱你，请和爸爸深情拥抱，热烈拥抱，不要不好意思，爸爸是你了解的第一个男人……"有时候，女儿要考试了，我在拥抱她的时候说："爸爸永远都是那句话——爱你，无条件爱你，任何时间、任何地点、任何状况，考得好与不好，都一样爱你，我爱的是你，而不是你的成绩，虽然我喜欢你取得好成绩……"

另外，让孩子获得安全感的方式还有两个：一是真诚陪伴，二是家庭环境，我分别阐述如下：

（一）我再次谈到陪伴的话题——真诚陪伴

很多父母也陪伴孩子，但并不真诚。孩子在玩游戏，父母在玩手机，为了避免彼此干扰，父母与孩子还保持了足够的距离，事实上，这种陪伴名存实亡，聊胜于无。研究表明：有身体接触的陪伴胜过无身体接触的陪伴，越亲密的身体接触，陪伴效果越好。同是运动，牵手散步比跑步的陪伴效果就好一些；我陪伴儿子的时候，尽量创造更多身体接触的机会，比方说：我和儿子一起玩打架的游戏，托着他的屁股爬树，相互压腿比赛，做仰卧起坐，把他扛在肩膀上……一有可能，我就和儿子产生亲密身体接触式的陪伴。再举例：我出差讲课的时候，如果方便，都会带着儿子出去看看不同的世界。在高铁上，我收起手机，全身心陪儿子享受旅程的时光，我把他搂在怀里，一起玩剪刀、石头、布的游戏。很多旅客都给我点赞，一方面是对我作为父亲角色的认同，另一方面也是对这种理所当然却又甚为稀缺的陪伴方式的呼唤——我无数次坐火车，无数次看到父母玩手机，孩子看 iPad，这样的陪伴和旅行又有什么意义呢？

（二）家庭环境对孩子安全感的培养尤为关键

然而放眼今天的万家灯火，真正温暖和谐的家庭环境并不多。家庭成员之间，无视、冷淡、争吵、抱怨、指责、抬杠随处可见。事实上，很多夫妻也正是因为孩子的缘故才勉强维持家的名存实亡或若存若亡之状态，夫妻双方的初心是希望给孩子一个完整的家，哪怕只是表面上完整的家，既然如此，就更要珍惜这个初心。

很多家庭三代人住在一起，从孝道来说，这是很好的，但从现实状况来说，无疑是最糟糕的事情——三代人都过得很压抑，最核心的问题是代沟、价值观与生活习惯的问题。爷爷奶奶外公外婆说话的声音都很大，因为他们那辈人大多生活在地广人稀的农村，而且通信基本都靠吼，所以声音大成了他们的标配，当然随地吐痰也是标配，而这些恰恰是儿孙辈最不能接受的；再加上饮食、作息、穿着、出行和财务等问题，整个家庭就是一个辩论场。

想象一下，幼小的孩子在这样的环境中又怎能获得安全感？他们恨不得把门关得严严实实，好让自己清静一下。在争吵环境中长大的孩子不但缺乏安全感，而且抱怨、辩论、抬杠、尖刻和指责也会成为他们生活的一部分，并最终让自己成为问题父母，代代相传。前文提到的那位大三女生，不止一次泪流满面地对我说，在她的记忆中，每天都活在大人们的争吵、抬杠和指责中。

我对爷爷奶奶外公外婆一辈老人的建议是："儿孙自有儿

孙福,您老回乡享清福。"当然,对于生活无法自理的老父老母,或老人中有一位已离开人世而乡下又没人照顾的孤独父母,确实是一个令人心酸又难解的社会问题。

我对年轻父母的建议是:夫妻之间无论是爱情、亲情、友情还是孩子情,只要还有情,就好好过。同在一个屋檐下,实在没有喜气与和气,至少也不要有怒气和怨气。人与人的相遇都是缘分,有人是来报恩的,有人是来要债的,这都是命运的安排。无论是选择在一个屋檐下过日子还是选择离婚,都是成年人的自由,都没有道德和法律上的是非对错,只有利害攸关,但最大的利害就是孩子,所有的选择都要以最大化地保护孩子的利益为目标,千万不能把孩子当筹码去要挟对方,那不但让你和前夫或前妻的关系掉进十八层地狱,而且让你和孩子的关系也随之掉入冰窟,一辈子无法弥合,这是非常得不偿失的愚蠢行为。

三、归属需求

随着孩子慢慢长大,他的人际关系圈也在扩大,孩子希望被归属到更多的圈层里,他的世界不再只满足于拥有父母兄弟和家庭关系,他需要扩大社交圈,他需要通过成绩、爱好、服饰还有价值观等维度找到自己的朋友圈。很多父母初次听到孩子说"我朋友"三个字时都感到诧异,其实很正常,未来孩子还会有更多的社交朋友圈,这些朋友圈也在慢慢挤掉和父母在一起的时间,直至离开父母,这就是我后面讲的"离的需求"。归属需求标志着孩子价值观的成长与成熟,此时父母的引导尤为重要,很多问题孩子就在这个层面出了问题,父母若能有效引导，对孩子未来的成功非常关键。

四、尊重需求

这是孩子在精神层面的需求，在尊重之前还有两个精神活动：渴望被理解，渴望被认同。随着年龄的增大，孩子有了自己的独立意识和行为，他首先希望能得到父母的理解。孩子认为，父母是自己最亲的人，所以父母应该理解自己。然而事实上，很多父母根本不理解孩子，更可怕的是，他们根本不愿意去理解孩子，相反，他们甚至很粗暴地要求孩子来理解自己。

我在写这段文字时，也能深刻理解父母的艰难。竞争激烈的工作压力，一地鸡毛的生活压力，人情往来的交际压力，子欲养而亲不待的孝顺压力，不堪重负的身体压力……同样，我也深刻理解孩子的艰难：学不完的兴趣班，考不完的等级考，上不完的补习班，默不完的写，复不完的习，考不完的试，应付不完的唠叨……

当下中国，孩子和父母都面临巨大的压力，以至于我无法也不忍心去要求哪一方单独改变，我只想说："亲爱的，我们彼此听话，一起改变，好吗？"正如哈佛医学院儿科临床名誉教授布拉泽顿说："我很害怕自己再给这些父母提出什么建议，他们已经不堪重负了，然而我要提出的不是什么具体建议，我的全部建议就是：与孩子一起做任何能让你和孩子感觉最好的最快乐的事。"

另外，父母要有足够的智慧，从更加广阔的视角去理解孩子，而非一味地站在自己的视角来看待孩子的行为，举例：孩子爱打游戏，父母或许无法从打游戏这个事实上去理解孩子，但至少要能理解孩子对游戏的情感：一方面，三年前父母没时间陪伴，导致孩子爱上了游戏；另一方面，很多同学都在打游戏，导致孩子喜欢游戏。我想从这两个方面来理解孩子对游戏的情感，并不是一件很难的事情，如果父母能发自真心地把这些话讲给孩子听，就相当于站在孩子的一边和他共同应对游戏的诱惑与挑战，而不是站在孩子的对立面去指责孩子打游戏。

事实上，孩子也讨厌自己被游戏绑架的感觉，他也知道打游戏不好，他也恨自己抵制不住游戏的诱惑，而现在又被家长和老师指责和批评，请父母想象一下，你的孩子承受了多大的压力。此时，孩子从内心深处渴望一个能理解他与他并肩挑战游戏上瘾征的父母，而不是一个指责他的父母。当然，身为父母也有很多委屈、无奈和脆弱，我们也可以开放地和孩子分享自己的烦心事儿，也希望得到孩子的理解。请告诉孩子，我们要彼此听话，彼此理解，彼此支持，彼此尊重，共同成长。我有时候就和女儿说这些话，让女儿知道爸爸并不完美，爸爸也有自己的失败、无奈和脆弱，我们像朋友一样地相处。

当我们理解了孩子，自然就能尊重孩子，不理解的尊重只是自我安慰和口头禅而已，理解而不尊重是自以为是的无知。当然，尊重不仅仅是口头上，还要用实际行动来表示对孩子思维和行为的尊重，就算不是全部尊重，也要部分尊重——我就不信孩子的行为是完全不值得尊重的，如果是，那一定是父母太自我太狭隘了。

五、自我实现的需求

自我实现的需求就是我前文一直强调的放下自我，超越自我，即弗洛伊德所谓的超我——我将无我，也就是我在本书结尾所说的生命绽放，无论是儒家、佛教、道家、基督教还是其他的灵修派别，也不过是从各自不同的路径去追求生命的绽放吧。

第七节　孩子所需的五种外在需求

除了马斯洛的人类五层次需求，我在课堂上还常分享以下五种需求：爱的需求、离的需求、公平的需求、认同的需求、信任的需求。相对于马斯洛的五层次需求是内在进阶的需求来说，这五类需求是孩子对外界的需求。

一、爱的需求

爱是一切的答案，对于孩子，除了爱，我们找不到第二种教育方法。爱不增加，一切都不会改变。爱不正确，一切都不会正确。很多父母都在学习教育孩子的技巧，他们非常渴望学到一招半式来搞定孩子，但结果往往令他们沮丧。所以，与其说学教育孩子的技巧，不如说学爱孩子的技巧，这是本书希望传达的观点。

有人说，爱还需要技巧吗？当然，爱不但需要技巧，还需要智慧，没有智慧的爱就是溺爱和愚爱。如孔子所言"好仁不好学，其蔽也愚"，佛家也说"悲智双运"。事实上，无论是基督教、佛教，还是儒家、墨家、道家，从本质上说都是传授爱的智慧——爱自己的智慧，爱他人的智慧，爱世界万物的智慧。

回到家庭教育，最简单、最难的爱就是无条件的爱。身为父母，你或许不需要知道爱的10个原则、20个策略、30个方法，此刻，我建议你：放下书本，给你的孩子一个真诚的拥抱，对他说："亲爱的，我爱你，无条件地爱你，任何时候都无条件地爱你……"若孩子不在身边，请给他打个电话，或发一段语音，立刻、马上，一分钟也不能等……这就是我要传递给你的简单又有温度的提示。

二、离的需求

如果说人有爱的需求，就像说人需要吃饭一样，很容易被理解，但要说人有离的需求，对很多父母来说可能是个新鲜的观点，事实上，越早了解这个概念，对孩子成长越有价值。有一首流行歌曲唱得好："有一种爱叫作放手"；作家龙应台写了一本书叫《目送》，目送渐行渐远的孩子；一代宗师李叔同创作的《离别》，讲的都是离的需求和情感。

我曾做过一项问卷调研，问题是："你最愿意和孩子做的三件事是什么？"我收到了很多回复，父母们极大地发挥想象力，写出愿意和孩子完成的很多事。我又问："去问问孩子，他们最愿意和你一起做的三件事是什么？"一拨人乐呵呵地回复了孩子愿意与他完成的三件事，还有一拨人回复了难过的表情，因为有的孩子说"没有"，有的孩子说"离我远点"，有的孩子说"别烦我"。我发现，乐呵呵的那拨父母，孩子的年龄都在7岁以下；被打击的那拨父母，孩子年龄都在12岁左右。

这就对了，12岁左右的孩子快到或已到青春期了，孩子逐渐有了离的需求，这是正常现象，相反，一个十多岁的孩子如果天天还黏着父母，那可能是不健康的心理状态。

离和爱是一枚硬币的两个面，从一定意义上说，离就是爱，爱就要离；父母要理解孩子离的需求，否则会对孩子的身心造成负面影响，我举两个案例。

案例一：我听说过一个16岁的男孩每天晚上都要和妈妈睡在一起，他家是一个相对富裕的家庭，并非缺床少房，这让我惊诧不已，这是何等的无知和溺爱啊。

案例二：在某次为期7天的青少年封闭式演讲夏令营培训中，工作人员和父母说好了，最后一天再来接孩子。但有位母亲天天来看孩子，看到她和儿子那种一日不见如隔三秋的拥抱、亲吻，我既感动又感慨——感动的是母爱；感慨的是，这是一份自私的母爱。我对这位母亲说："你的行为不是爱孩子，而是爱自己，这是自私的，你在斩断孩子的独立性和自律性。"这位母亲倒也坦白，她说："我知道，但我就是离不开他。"我想这也是很多父母溺爱孩子的心声吧，但这样的孩子如何能长大呢？

离是正常的人性需求，农村古话说："娶了媳妇忘了娘。"就是这个道理。父母不但要主动创造离的环境，更要引导孩子离了父母后要有陪伴自己成长的东西，如果孩子离了父母却靠近了游戏、烟酒、毒品或者交上了损友，那无疑毁了孩子的一生；如果离了父母，孩子靠近了运动、学习、阅读、公益社团，那对孩子的一生将大有裨益。

离分为身体的离和心灵的离,在孩子青春期乃至长大成人后,身体的离是必然的,是父母无法控制的。尽管如此,我们依然看到很多父母无法面对孩子与自己的分离,如上面那位对孩子一日不见如隔三秋的母亲,再如很多从农村老家千里迢迢赶到城市与孩子相聚,最后心碎离开的老父老母,这都是无法接受离的真实写照。

心灵的离,往往透视出家庭教育的失败,我相信即使父母是文盲,孩子是博士,他们的心灵也应该是相通的。学历、知识和财富应该不是心灵分离的原因,人的心灵能产生很精妙的感觉——隐隐的思念、牵挂和感动,是超时空的。我常在课堂上听到很多叱咤商场、呼风唤雨、功成名就的企业家说到自己已去世多年的老父老母,依然潸然落泪,这就是超时空的心灵感动。美好的亲子关系就该这样,这是伦理层面的心灵感应。

事实上,若要保持心灵层面的相通,父母还应该在价值观层面、艺术审美层面、风俗习惯层面、兴趣爱好层面保持与孩子的互动。所以若要经营良好的亲子关系,则需要父母具备与时俱进的学习能力,所以我才强调"以子为师,与子交友"的观点,若真能做到这样,即使与孩子分离在地球的两端,我相信亲与子的心灵也是栖息在一起的。

三、公平的需求

孔子曾在两千多年前就说"不患寡而患不均",公平是人类情感需求的底层代码,在《颜氏家训》的教子篇里,颜之推老先生也说:"人之爱子,罕亦能均,自古及今,此弊多矣。贤俊者自可赏爱,顽鲁者亦当矜怜。有偏宠者,虽欲以厚之,更所以祸之。"如此说来，在有多个孩子的家庭里，父母很难做到一碗水端平，孩子们争风吃醋也是家庭教育中的难题。人心是脆弱又敏感的，以下几种情况，父母要尤为注意公平原则：一、两个孩子的年龄相差 2 岁左右时，老大容易受伤；二、大的是女孩，小的是男孩，女孩容易受伤；三、一个活泼可爱，一个内向木讷，内向木讷的容易受伤。除此之外，孩子还关注父母对其要求与相应年龄段的匹配程度，不要给孩子提太高的要求。有一次我批评女儿时，没想到被女儿反问了一句："爸爸，您像我这么大的时候能做到吗？"我当时就哑口无言，现在仔细一想，女儿觉得没有被公平对待，潜台词就是：爸爸对别人严苛，对自己宽松，这不公平。

从心理学的角度来说，人们呼唤什么往往就缺乏什么，人们呼唤公平，恰恰证明社会缺乏公平。人们总说不要让孩子输在起跑线上，但孩子早已输在起跑线上，输在父母的起跑线上，输在教育资源的起跑线上，这都是不公平的事实，孩子们在学校就已感受到这份随处可见的不公平，如果家长再对他们不公平，我相信他们那脆弱的小心肝一定会受到重创，甚至造成心灵扭曲。

四、认同的需求

孩子需要被认同，包括对他的价值观和价值感的认同。请告诉孩子，他本人就是一座金矿，他的降临让父母和家朝着越来越好的方向发展，这就是他对父母和家的价值；还要告诉孩子，他对同学、班级和学校的价值，只要父母有一颗敏锐的心、客观的心、睿智的心，认真体察孩子，就一定能找到孩子的闪光点并认同这些闪光点的价值。事实上，就连被父母视为洪水猛兽的游戏也有价值：打游戏能锻炼智商、毅力、决断力、耐力、反侦察力，所以天下万事万物都是道的呈现，事与物本身没有好坏，只是这些事与物是否适合当下的孩子而已。如果父母秉持这样的态度，发自真心地从这些角度与孩子分享自己对游戏的观点，我相信孩子一定会与父母更亲密，甚至觉得父母和游戏一样可爱。

就在我写这本书的时候，我常对孩子们说，你们基本上就是这本书的第二作者，从你们身上我学会了怎样做个觉醒的父亲，你们的很多行为直接影响着爸爸的写作和教学，你们的行为直接影响着爸爸在未来如何影响像你们一样的孩子。同样，有缘的父母们，如果你的孩子未来能走进我的课堂，我也会告诉他："和你的互动让我学到很多，就算你没与我互动，你那眼神和眉宇间的气息也在感动着我、滋养着我、教育着我，你真的很重要，谢谢你来到我的课堂。"所以，如果我们足够真诚、足够开放，一定能写出对孩子的一百个认同和孩子的一百个价值。

有一段时间，我儿子喜欢眨眼睛，我建议他不要眨得太快，他也知道这样不好，并在努力克制，但依然眨得厉害。我没有批评他，而是对他说："大轩太棒啦，现在眼睛睁得更大了，眨眼睛的次数也变少了，真是太厉害啦。"我能从更积极的角度来看待孩子，这样自然就能认同孩子，孩子也就朝着美好的方向成长。

五、信任的需求

关于这个话题，我在上文中已有描述。事实上，相信孩子和不相信孩子都只是主观判断或经验判断，对于未发生的事，都只是猜测。很多家长相信孩子吃饭是安全的，但全世界因吃饭而噎死的孩子不少，很多家长不相信孩子能独立地从北京到上海，但我相信在来来往往的京沪高铁上，一定有独来独往的孩子，只是不是你的孩子而已。孩子是一棵小树，需要父母的保护，但更需要父母的信任。请父母相信，无论你对孩子信不信任，终有一天你必须得信任他，只是这一天来得早与迟而已。

你要是从内心深处相信孩子，就在无形中给孩子赋予了能量，孩子也在这份微妙的能量场中越来越好；相反，你一旦怀疑孩子，你的眼神、表情和浑身的气息都散发着怀疑的能量，孩子也会敏锐地感受到这种能量波，于是孩子也就变得越来越差。所以父母对孩子的信任与不信任，都会产生能量，这种能量甚至会改变孩子的一生。

我们来看一个著名的心理学案例：美国心理学家罗森塔尔带助手们来到一所乡村小学，在一到六年级各选了三个班，对这18个班的学生进行了一场未来发展趋势测验。测验结束后，他把一份"最有发展前途者"的名单交给了校方，并叮嘱校方，只将结果告知入选的孩子，而对未选上的孩子则绝对保密，免得影响测验的准确性。这个名单上的学生占学生总数的20%，但校长、老师和被选上的学生并不知道，名单上的学生都是随机选的，罗森塔尔根本没有去看这个测验的结果。奇妙的是，八个月后，名单上的那部分学生，成绩普遍有了明显的提高，而且性格更外向，自信心和求知欲都变得更强。

为什么会这样呢？因为罗森塔尔是权威，权威都相信这些孩子有未来，于是孩子、老师和家长都变得很振奋，结果孩子们变得更好，完全是情理之中的事情——这就是信任及高能量信任所产生的能量。

第八节　那些被误解的十个教育观点

一、赞美赏识论

这应该是被异化的西方式的教育观点，我在阅读优秀的西方教育书籍时，并没看到赞美和赏识，甚至这些专家学者还对所谓的赞美和赏识忧心忡忡。事实上，运用不当的赞美和赏识就是在暗示孩子说谎。当然，我并不是说父母不应该赞美和赏识孩子，而是要提醒父母分清你到底是赞美孩子的态度，还是能力，抑或是事实呢？比方说，孩子摔倒了，你要是说："啊，太棒了！"要从走路的能力和摔跤的事实层面来说，这样的赞美显然是荒诞的，难道要暗示孩子以后多摔跤吗？但如果从对摔倒的态度上赞美孩子："啊，太棒了，摔倒都没哭。"这种赞美和赏识就是正确的。赞美赏识一定要以客观事实为依据，即便是主观的赞美赏识，也要有主观的理由。毫无理由的赞美赏识，不是欺骗就是乡愿。

二、痛苦刺激论

从心理学的角度来说,痛苦对人的刺激程度确实比快乐对人的诱惑程度大。所以很多电视广告都从痛苦的角度来刺激人的欲望,进而刺激消费者的购买需求;很多公司为了杜绝迟到,也采用罚款的方式惩罚迟到的员工,两者看上去都很有效果。于是很多在商业领域获得成功的职场父母也很自然地将痛苦的刺激方式用到孩子的教育上。但我要提醒这些父母,亲子之间的关系不是商家与消费者之间的关系,更不是上司与员工之间的关系,这两种关系都是弱关系,而孩子与父母之间是一辈子都割舍不断的强关系,强关系不适合用威猛的霹雳手段,夏的炙热和冬的严寒都是用力过猛的霹雳手段,不适合用在强关系的亲子教育上。这种霹雳手段只适合于弱关系——说白了,搞坏拉倒,换下一批,但父母与孩子之间的关系是不能坏的,是不可逆的。在职场上,我说起话来常如秋风扫落叶,但我对我的孩子,包括对我弟弟的两个孩子,都很温柔,我几乎不对他们大声说话,也很少用痛苦的方式刺激和惩罚他们,他们对我有些敬畏,也有些喜欢。

三、棍棒孝子论

这是封建教育思想的遗留。事实上,国外也有体罚,只是中国更严重更普遍而已。广东潮汕的一个学生告诉我:"我从不打三岁前的儿子,但却狠打三岁后的儿子,要打到儿子见到我就怕的程度。"我问:"为什么?"他说:"三岁前的孩子不懂事,打了也没用,三岁后必须让儿子见到我就怕,否则最后只能是警察来收拾他,我身边有很多富二代因为吸毒、斗殴被关进看守所……"或许他说的是实情,或许他确实敢打儿子,毕竟他家儿子多——潮汕人普遍都生四五个孩子,或许他的教育理念只适合于他的孩子。但我相信棍棒不适合大多数一到两个孩子的家庭,所以虽然这个潮汕家庭的"00后"孩子能被棍棒教育出来,但大多数家庭的孩子未必能接受这样的教育,这就是因人而异,因地而异,因时而异。父母千万不能说:"我小时候就是被你爷爷打出来的,所以现在我也要把你打成人。"这无疑是愚昧粗暴的教育观点。

四、穷儿富女论

这个论调的本质是要培养男孩的吃苦精神,培养女孩的见识面。回溯中国古代,人们看到太多公子哥的沉沦和潦倒,于是想到了儿子要穷养;看到了太多女孩被欺骗和践踏,于是想到了女儿要富养。任何一个观点,都不能脱离当时的历史时空,否则就是刻舟求剑。就今天而言,在物质水平普遍向好的环境中,不可刻意求穷,让孩子缺乏安全感;也不可花钱如流水,让孩子泡在蜜糖中而不知敬畏。正确的做法是,让孩子了解家庭的现实情况,把事实如实地呈现在孩子面前,然后和孩子共同探讨一个合适的物质消费方案,这才是实事求是的做法。关于穷养和富养的话题,我举三个案例。

案例一:还记得那位大三的山东女大学生吗?其实她是富二代,但他的父母就刻意营造了一个经济危机的感觉。她哭泣着告诉我,从小到大,我总感觉我家随时要破产,我一直生活在恐惧中,这是典型的过分穷养。

案例二:我有个浙江的学员,是个企业家,谈到她的女儿,这位职场女强人数次泪流满面。20世纪90年代初,由于工作忙碌的缘故,她很少照顾到女儿的成长,于是心存愧疚,就用物质补偿,对女儿有求必应,长此以往,终于养成女儿花钱如流水的习惯。低于两三千元一瓶的红酒根本不喝,低于万八千元一双的鞋子根本不穿,低于两三万元一个的包包根本不背,更关键的是,这孩子每天都吃喝玩乐,完全不想上班,也不想学习。

案例三:我还有个江苏的学员,他创立了两家上市公司,企业产值超150亿,他让刚刚从英国留学回来的儿子跟我学习演讲。课间,这位"企二代"和我聊到他和父亲的故事。由于工作原因,他想买一辆车,于是便向父亲申请,父亲说,车价不能超过30万,他买了一辆奥迪A4,总价31万元,多出的1万元还向公司打了申请,日后从工资中逐渐扣除。这位父亲对儿子于公于私的处理之道,让我很敬佩。

这三个案例形成鲜明对比,我相信会对读者朋友产生启发。

五、赢在起跑论

"不要让孩子输在起跑线上。"这句话就是青少年培训机构迷惑消费者的商业台词。这样的台词在其他商业领域也屡试不爽,卖钻石的说:"钻石恒久远,一颗永流传。"十年以来,我一直为企业家和企二代接班人讲授演讲课程,总裁父母们由于自己切身感受到演讲对人成功的价值,所以也特别重视孩子演讲能力的训练,所以即使课程的学费要七八万元,他们也在所不惜。而工薪阶层的父母没机会演讲,自然也就无法切身感受演讲的价值，所以也普遍忽略对孩子演讲能力的训练，即使学费仅要七八百元，他们也不会为孩子投资。我在演讲口才课堂上见过十三四岁的富二代，也见过七十三四岁的创一代；见过小学文化的创一代，也见过有硕士、博士学历的富二代；我亲手教会他们演讲，只要有内在的学习动力，没有学不会的，根本没有所谓的起跑线一说。

同样的道理，只要想学画画，任何时候都可以开始；只要想学音乐，任何时候都可以开始，只要想学书法，任何时候都可以开始；只要想学做智慧父母，任何时候都可以开始。只要开始，永远都不晚，所以我对女儿说："书法课、钢琴课、绘画课，只要你不想学，可以随时停止，但要把多余的时间用于阅读、运动、睡觉或玩上。"

看到女儿学习任务这么重，我曾多次建议她停止这些才艺的学习，因为我从未见过一个画画培训班能培养出画家；同时，我相信只要孩子发自真心地喜欢画画，随时都可以拿起画笔，画出自己的世界，与他人无关，与年龄无关，也与起跑线无关。另外，我也不鼓励我的孩子参加所谓的艺术等级考试，但我鼓励他们参加课外辅导班，再贵也要报名——高考的独木桥必须好好挤一挤，错过了就永远错过了。

六、优势遗传论

相对而言，父母双方的智商都高，孩子的智商也普遍更高；一方面，父母有特殊天赋，孩子遗传其天赋的概率也更高。但也有很多特殊情况，所以这类双高父母也不必对孩子抱有太高的期望，要允许他是个普普通通的孩子。另一方面，我们也见过很多普通父母生出的孩子智商很高,所以普通父母也不要灰心,你的孩子也可能是下一个天才。

同时,我要特别提醒那些在改革开放中崛起的"60后""70后"乃至"80初"的那拨品尝财富潮水的幸运儿,千万别以为自己是商业天才,更别粗暴地要求自己的孩子也要从商以继承和发展你赚取的财富。事实上,大多数在改革开放中赚到钱的人都是时代的幸运儿,套用雷军先生那句刻薄又自嘲的话来说:"只要站在风口上,猪也能飞起来。"我也要提醒那些在相关领域混得不错的父母,你的天赋或许并不在这个领域;换句话说,如果在其他领域,你或许做得更棒。所以,请别限制你的孩子,再说,孩子的那本生命之书,你只涂了一半的色彩,还有一半是老天爷涂写的。正所谓,人算不如天算,我们做父母的可以有意但不要刻意。

七、单亲孤僻论

一见钟情就恋爱,一鼓作气就结婚,一不小心就生子,一言不合就离婚,这或许能解释当今单亲家庭如此之多的原因吧。事实上,单不可怕,不亲才可怕,而且现代社会对单亲的包容度已经很高了,单亲家庭的孩子不会被歧视。如果一定要说单亲家庭生长的孩子有问题,那也一定是父母双方的无知造成的,这一点我在前文已做过描述。所以父母双方若能摆正心态,单亲孤僻论就是一个伪命题。事实上,如果父母的心灵是健康的,孩子的未来也会是健康的;如果父母的心灵是变态的,无论是单亲还是名存实亡的家庭,孩子都会受到冲击。另外,我想说一个有些偏激的观点,在今天这个竞争激烈的社会,一切都要花钱，离婚已变成有钱人的专利，没钱的人结婚生子闹离婚的，大多是人间悲剧，不知道这个有些偏激的观点能否给有缘人以启示。

八、长大就好论

很多孩子从小就有恶习，有些是禀性里携带的，有些是后天学的，其中最多的学习对象就是父母及祖父母辈。所以我一再呼吁爷爷奶奶、爸爸妈妈要改变孩子先改变自己。于是我在本书中花了很多笔墨写如何改变自己，希望读者朋友能明白我的用心。更关键的是，很多父母认为孩子有问题不要去干涉他，长大自然就好了。这是懒政，是不作为，是自我欺骗，也是对孩子不负责任的行为。就算真的长大就好了，也需要孩子付出巨大的代价，甚至是难以承受的代价，文明往往就在举手投足之间，不可忽视耳提面命的教育。当然，如何不强迫又能引导孩子，则需要父母更多的沟通能力，我相信读完本书，你会有更通盘的教育概念和方法。

九、一叶知秋论

虽然我在上面说过教育孩子不可不拘小节，但很多父母又陷入另外一个极端，过分关注孩子的细节，尤其是孩子的负面细节，甚至把孩子的缺点无限放大，三岁看大，七岁看老，把人吓得惶恐不安，任何人或事物都是慢慢变好的，也是慢慢变坏的，正所谓冰冻三尺非一日之寒，不要大大咧咧地安慰自己长大就好，也不要谨小慎微地吓唬自己一叶知秋，关注孩子的成长过程，就像揉面团一样，水多了，就加点面，面多了，就加点水，要时刻关注，不要钻到所谓理论的牛角尖里去。

十、先扫一屋论

各人自扫门前雪，休管他人瓦上霜，这基本上是大多数普通中国人的共识，至于天下兴亡匹夫有责更是与自己八竿子打不着的事儿。说个让我颇为失望的案例：一次我在和一个学生聊天，他也算是当地社会的知名人士，但我觉得他只关注自己的一亩三分田，却不关注更宽广的世界，不是没有能力，而是没有社会担当与责任心，非但如此，他还一直给我热衷的慈善与公益行为泼冷水，说那是马云老师该关注的事，和你马克老师又有什么关系呢？唉……

黑格尔曾经说过："一个民族有一群仰望星空的人，他们才有希望。"仰望星空就是社会责任感，所以我在课堂上多次讲，父母一定要培养孩子的社会责任感、社会公德心，培养孩子扫天下的意识，培养孩子舍我其谁的大丈夫担当。我相信能扫天下的孩子一定能扫一屋，而从小只会扫一屋的孩子是很难扫天下的。先扫一屋，从易到难，说的是做事的方法，而不是做事的格局，大丈夫的格局必定是平天下，只是从修身齐家开始。智慧父母的格局必定是将孩子培养成社会的栋梁，只是从日常小事开始做，这才是扫一屋的本意。

第三章　教育孩子

第一节　培养孩子的正气

谈到正气，有许多人没啥感觉，甚至觉得这样的孩子傻、愣、老实、情商低、不会变通、不会做人，未来在社会上是混不开的。孩子们也被迫朝着父母和社会希望的方向发展，于是本来满身正气的孩子在家长和社会的引导下变得圆滑世故，甚至是流里流气。痛哉！

慎言木讷和巧言令色是一对反义词，代表着两种人品。请问家长朋友，你希望孩子属于哪种呢？慎言和木讷是孔子提倡的，巧言和令色是孔子反对的。而事实上很多父母却喜欢能说巧言能装令色的人，为什么？因为巧言的嘴和令色的脸能讨人欢心；而慎言却被认为是懦弱，木讷却被认为是呆傻。哀哉！

行文至此，如果有些父母依然对正气还没什么感觉，我再请你们想一想：正的反义词是什么？答案是斜，斜到一定程度就邪了，所以正气的反义词就是邪气。请问：孩子身上的很多问题，不正是邪气导致的吗？或许，有些家长不认同我的观点，认为自己的孩子没有邪气，事实上，从严格意义上讲，不正就是斜，斜就是邪，人生的很多问题就是差之毫厘的不正（歪）导致谬以千里的斜（邪）。人之初，性本善，人们用天真无邪来形容孩子，可见孩子生来就有正气，那后天的邪气是从何而来的呢？很显然是学来的，从家长、家庭和社会中学来的。因为家长在社会上染了很多邪气和恶习，不知不觉间传给了孩子，如今又反过来责怪孩子，真是岂有此理！

自古正邪不两立，不在意正气的人，邪气就会找上门。邪气一旦上身，很多恶习也就结队而来。就像过生活一样，不将多余的时间放在读书和运动上，多余的时间自然会分配在电视、麻将、游戏这些事情上，因为时间总是要花掉的。物以类聚，人以群分；爱读书、爱运动、有正气的人聚集在一起成了朋友，于是知识增长了，身体健康了，家庭和谐了，事业成功了；当然爱看电视、爱打麻将、爱玩游戏的人也成了朋友，于是恶习相互传染，相互加强，积重难返。

如果你的孩子有一些恶习，请不要粗暴地要求、命令甚至是惩罚，这是没有效果的，就算有效果，也是暂时的，一旦你掌控不了，必将反弹，甚至是报复。因为，恶习的根源并未消除，正气的价值观并未建立。

事实上，生活与工作中的很多问题，其实都不在问题本身，而在于更深层次的原因；这些原因，大致可分为内外两方面：外在缺乏爱的滋养，内在缺乏正气的支撑。比方说，孩子缺乏自信，外在因素固然很多——性格内向，相貌不佳，成绩落后，等等。但如果父母能无条件地接纳他和爱他，帮助他的内心充满正气；老师能欣赏他的优点，鼓励他、帮助他的内心充满正气，我相信孩子会慢慢地找到自信。而实际状况往往是，父母用负能量的语言和他说话，抑或父母所营造的家庭环境本身就不和谐，充斥着暴力与冷暴力，试想这种缺少爱的外在环境能滋养孩子的正气吗？没有正气的孩子又怎能有自信呢？再比方说，孩子沉迷游戏的外在原因也很多，可能是父母工作繁忙，无法陪伴，只能让手机陪伴，这是无爱或少爱的表现；抑或是父母从小就溺爱孩子，怕孩子哭，怕孩子伤心，怕孩子生气，一味地满足孩子的游戏欲望。事实上，无论是无爱、少爱还是溺爱，都不是正确的爱；教育孩子最好的方法莫过于用正确的爱去陪伴他，在爱和陪伴中滋养孩子的正气。

另外，正气还能解决孩子的健康问题。很多孩子身体不好，原因就在于思想压力太大，整个人都懒洋洋的，没精神，呈现出萎靡不振的状态；人一旦没精神，病就找上身，很多时候，人的健康就靠着一股精神和一口正气。正如文天祥被囚禁时在《正气歌》中所写的，他身处邪气丛生的恶劣环境中，常年被七种邪气——水气、土气、日气、火气、米气、人气、秽气包围；但他在这种恶劣的环境中两年都没生病，真是奇迹；秘密正如他自己所说："彼气有七，吾气有一，以一敌七，吾何患焉！"他所谓的"吾气有一"就是指正气——浩然正气。曾国藩也曾说："主敬者，外而整齐严肃，内而专静纯一，齐庄不懈，故身强。"这里所谓的主敬者就是正气者。中国的养身之道也常说"外练筋骨皮，内练一口气"，我想这一口气也就是正气吧。

综上所述，孩子的问题和恶习，不在于问题和恶习本身，而在于缺少爱和正气，在爱中培养正气，在正气中生发爱，是解决孩子问题的最根本之道。

谈到这里，或许很多人依然对正气的概念比较模糊，其实简单地说，正气就是人之为人的正确的气质，这些气质都表现在人的言谈举止和为人处世中。比方说：坐有坐相，站有站相，走有走向，就是正确的气质；吃饭光盘，把房间整理得干干净净也是正确的气质。正气既至大至刚充塞于天地之间，又至小至柔体现在呼吸之间。

正气滋养万物，上滋养日星，下滋养河岳，正气是我的标签，也是我和我的孩子之间的沟通语言。我的两个孩子，我弟弟家的两个孩子，分别叫"正气大凡""正气大宸""正气大哲""正气大轩"。我儿子最小，对我观点的接受度也最高，我们之间有一个基本的价值共识，那就是"走大学之道，生浩然正气"。我把这个价值共识常常用作我和儿子之间沟通的判断依据，比方说，儿子咕噜着嘴生气时，我就引导他"大轩，你生的是浩然正气吗……我觉得不是浩然正气，是抱怨之气，是愤怒之气……你觉得呢？"很多时候，这样的引导能消除儿子的抱怨、愤怒之气。

我也常用正气讨论我和儿子之间各种各样的生活问题，他会问我："爸爸，这儿有正气吗？那儿有正气吗？"我就和他讲解正气，虽然他听不懂，但我相信耳濡目染的教育会对他产生潜移默化的作用。我们在小区里跑步，看到两旁停的汽车，我们一边学习识别车牌，一边讨论这车停得有没有正气？也讨论来来往往的行人有没有正气？还讨论把纸团扔到地上的人有没有正气？月亮有没有正气？路灯有没有正气？有时候，几十分钟的跑步和散步，我们都在分析和确认眼睛看到的耳朵听到的人和事物有没有正气。孩子说得带劲，我也说得带劲，我全然跟随而进入他的世界——他是我当之无愧的老师。

有一次我到浙江上课，晚上空闲时，我带他去湖边纳凉，有好几条狗趴在我们的必经之路上。他不敢过去，非要我抱着，我就抱着他过去了。他问："爸爸，您为什么不怕狗？"我对他说："爸爸有正气，所以不怕。"我们从湖边纳凉回来，走在漆黑的乡间小路上，我牵着他问："大轩，怕黑吗？"他说："不怕，因为我有正气。"我们就这样一身正气地走过乡间的小黑路和狗的身边，回到房间。

正气成了我和儿子之间使用频率最多的沟通语言，他躺在沙发上看电视，我就对他说："大轩，正气坐。"他就调整坐姿。他有时说一些乱七八糟的不良语言时，我就和他说："大轩，正气说。"或许我运气不错，到目前为止，我的两个孩子，一个是我的老师，一个是我的朋友，还没做出让我崩溃的事情。我弟弟的两个孩子也比较愿意听我的建议，难道是因为我有正气吗？哈哈。

前文讲过，正气就是人之为人的正确的气质，这些气质都表现在人的言谈举止和为人处世中，下面我写了10个题目，请父母预估一下你的孩子选哪个项目，并以此来评测一下孩子的正气指数。

1.你的孩子有偶像吗？谁是他的偶像？

A.小鲜肉类型的娱乐明星。

B.没有特别的偶像。

C.他所感兴趣的行业里的大人物。

2. 你身体疲惫、虚弱、精神萎靡或生病时，孩子是什么反应？

A. 孩子大大咧咧，没发觉。

B. 问我怎么了？后面就不关注了。

C. 很关心我，给我温暖。

3. 新闻播报灾难性事件造成大量人员伤亡，孩子会有怎样的反应？

A. 没什么反应，感觉与自己无关。

B. 和父母讨论此事。

C. 觉得受灾的人非常可怜，想要帮助他们。

4. 你给孩子提供帮助时，孩子会主动对你说"谢谢"吗？

A. 从不。

B. 偶尔。

C. 经常。

5. 孩子犯错了，给家庭造成麻烦时，他会主动对你说"对不起"吗？

A. 从不，觉得无所谓。

B. 偶尔，看错误的程度。

C. 经常，有愧疚感，即便不说，也将愧疚的心情表现在行为中。

6. 由于你的原因导致孩子出错而被老师批评，他的反应是什么？

A. 很愤怒，抱怨父母。

B. 嘀咕一下，表达不满。

C. 理解并安慰父母。

7. 孩子养宠物,是否一如既往地关爱宠物呢?

A. 只是喜欢和宠物玩,不太关心宠物的生活。

B. 开始时很兴奋、很用心,后面就不管了。

C. 一直很关注宠物的心情和健康。

8. 孩子在与你发生意见分歧时会怎样做?

A. 与你大声辩论,强词夺理,情绪激动。

B. 会表现出不悦,但只是说几句就沉默不语不再沟通。

C. 会平和地与你交流,并按照正确的思维去做。

9. 孩子在做错事情后怎样表现?

A. 不承认、不服气,甚至通过说谎来掩盖。

B. 喜欢找借口,推卸责任。

C. 敢于承认,并加以改正。

10. 你的孩子对于相关服务机构的工作人员(比如餐厅服务员、快递员)的态度怎样?

A. 呼来喝去,不尊重。

B. 正常中带着些冷淡。

C. 热情且很有礼貌。

选 C 的孩子比较明事理,也比较有正气。所以正气并不是一个抽象的概念,可以用于评估孩子的日常思维和行为。事实上,上面这些测试题,不但可以测试孩子,还可以测试父母,从一定程度上说,父母的抉择直接影响并决定着孩子的选择。

第二节　培养孩子的五颗心

心是身的主宰，老百姓常说："这个人心眼好，那个人心眼坏。"当然，心眼好的人大多会做出对自己、家庭和社会有价值的事情。我觉得心眼好的人常怀有以下五颗心：敬畏心、感恩心、宽容心、责任心、惭愧心，分别阐述如下：

一、敬畏心

如今社会，有些事乱象丛生，人们习惯于打各种法律擦边球，甚至有人顶风作案，丧尽天良，国家也在不断完善各类法律，虽然法律确实能让人惧怕使有些人不敢为非作歹，但在法律之上应该还有道德共识，在道德之上应该还有良知，也就是我在这里说的敬畏心。如果家长能培养孩子的敬畏心——对生命的敬畏、对人的敬畏、对劳动成果的敬畏、对天地的敬畏，孩子一定会有更健康的未来。

我的敬畏心可追溯到小时候，是我奶奶培养起来的。有两个画面让我印象深刻：一、夏天，当雷电交加风雨大作时，我就害怕，钻进奶奶怀里，奶奶告诉我，这是老天在惩罚坏人，我们不做坏事，雷公不打头，雷公专打做坏事的人；奶奶虽是文盲，但却成功地给了我一颗敬畏之心。二、每到过年或节假日，农村会宰杀牲畜，一来祭祖，二来改善伙食，有时候由我配合奶奶杀鸡宰鹅，我抓住鸡的两条腿，奶奶抓住鸡脖子，但我发现奶奶在下刀之前，总是念念有词地说："小鸡小鸡你别怪，你是我家一碗菜。"当时我只觉得奇怪好玩，直到长大后看《狼图腾》时，我理解了草原人对狼的敬畏、对生命的敬畏，于是我想到了奶奶念念有词的背后也是对生命的敬畏，让我很感动。现在有些人缺乏敬畏之心，最终还是害了自己，活在浮躁又痛苦的循环里。

谈到敬畏，首先要对人有敬畏心，然后才是动物，现在很多孩子对猫和狗很有敬畏心，对人却很冷漠，这是本末倒置的思维。培养孩子对人的敬畏心，我建议从最简单的称呼开始，称呼人为"您"，首先要称呼父母为"您"，我对孩子们都是这样要求的，孩子们有时也会忘记，但很快就意识到了，因为此时我会放慢语速、增大音量，刻意称呼他们为"您"，以暗示他们刚才对我的称呼是有问题的。事实上，尊重是相互的，称呼孩子、晚辈或下属为"您"，是敬重他们的人格，与他们的年龄和身份无关，而且当称他们为"您"时，发脾气的概率也会大大降低，他们也会更开心，沟通也会更愉快。很多时候，人与人之间，一个小小的改变会带来大大的改变。

我曾问孩子们："你们是希望爸爸称呼你们为'您'还是'你'。"他们说："当然是'您'。"我问："为什么？"他们说："'您'是尊称。"可他们又说："长辈称呼晚辈为'您'有些怪怪的。"我对他们说："'你'只比'您'少了一个'心'，而'心'正是我希望你们能格外关注的。所以我希望你们用心地称呼每个人为'您'，即便这个人的年龄比你们小、成绩比你们差，抑或是穿着没你们好，无论这个人是校长、老师还是保洁阿姨，我都希望你们能称呼他们为'您'，因为他们在人格层面与你们是平等的。同时我希望你们在不断称呼别人为'您'的过程中，破除分别心和有色眼镜，真正从内心深处敬畏遇到的每个人——敬畏生而为人的不易，敬畏为生活奔波的艰难，敬畏茫茫人海中相遇的缘分。"

二、感恩心

感恩心是爱心的另外一种表述方式，是人性里最美好的特质。信佛的人常把感恩挂在嘴边，西方有个节日叫感恩节。事实上，看一个人对身边人的感恩程度，就能看出他的生命境界。最高境界的人对身边一切人和事物都感恩，随时随地感恩这个世界，整个人全然一颗柔软心；次等境界的人对帮助过自己的人心存感恩；再次等境界的人只感恩正在帮助自己的人，但对曾经帮助过自己的人就不感恩了；最次等境界的人连正在帮助他的人都不知道感恩。

当然，每个人对帮助的理解不一样，也会导致其感恩程度不一样，最高境界的人认为活着就该感恩，所以无论外界风和日丽还是暴雨倾盆，他都满怀感恩，日本企业家稻盛和夫先生就秉持这一观点。次等境界的人认为，感恩为自己提供帮助的任何人，无论这个帮助是购买的还是交换的；再次等境界的人认为，当别人单向给我帮助时，我欠别人时，就需要感恩，当发生双向帮助时，或别人给我的帮助小于我给他的帮助或小于我曾经给他的帮助时，就不用感恩。所以很多人对于出租车司机、酒店服务人员就没有感恩之心，因为他们认为这些服务是花钱购买的，于是就表现得有些冷漠。最次等境界的人已是行尸走肉，对别人给予他的任何帮助都无动于衷，这与木头又有什么差别呢。

所以培养感恩心要从说"谢谢"做起。我对孩子们说，我希望你们把"谢谢"挂在嘴边，但不要变成形式主义，形式主义是麻木的表现，麻木是不仁的表现，从儒家的严格意义上说，不仁者就不是人。所以，要发自真心地对每个给你们提供帮助和服务的人说"谢谢"，就算这个服务是你们花钱买的，也要说"谢谢"。另外，无论你们和对方的关系多亲密多熟悉，也要说"谢谢"，不要把任何人的付出当作理所当然，包括父母。

中国人表达情感的方式很内敛——越亲密的感情越缺少仪式感，我希望你们对任何人都要说"谢谢"，培养仪式感，如果实在不习惯或在某些特殊情形下无法用口说出来，也要将这颗"感恩心"投射在表情和肢体语言上。

三、宽容心

观照自己就会发现，人生的很多痛苦都来自对身边的人和事物缺乏宽容心，所以我希望孩子们能把"没关系"挂在嘴边，除非是原则性问题，否则请说"没关系"。事实上，很多孩子都可以说"没关系"，恰恰是大人们太过苛刻，甚至是尖刻，慢慢也将孩子习染成缺乏宽容心的人。

这些年，我为了生计、梦想和情怀而四处奔波，看到过太多的人际冲突，可笑的是，多数冲突都并非大事，而是一些鸡毛蒜皮的小事，冲突双方只是逞一时之快、血气之勇，结果却可能造成灾难。人们常带着人格攻击或地域歧视的色彩说某种性格的人不好相处，某个地方的人不好相处，这样武断说话的人大多是狭隘的、以偏概全的。我相信：如果人没有宽容心，总是斤斤计较，就算走到天涯海角，也遇不到好相处的人；相反，如果人能宽容大度，会发现身边人人都是好相处的人。

当然，对于现在的学习和未来的工作，我希望孩子们争其必然，勇攀高峰，认认真真地去对待，但对并不完美的结果要顺其自然，要宽容自己，不要拿木已成舟的事实惩罚自己。

四、责任心

孟子的"舍我其谁"，范仲淹的"先天下之忧而忧"，顾炎武的"天下兴亡，匹夫有责"，讲的都是责任心，虽然大多数人无法拥有这样的境界，但至少应该对家庭有责任心吧。对自己承诺过的事或职责范围内的事要有责任心吧。有些缺乏责任心的人，你交代他一件事，他第一天执行100%，第二天执行80%，第三天执行50%，第四天就不执行了，这种行为既可以说是缺乏诚信，也可以说是缺乏责任心。有时候我在想，他们天生就是这样的人吗？当然不是。事实上，他们今天的行为，就是十几年前甚至几十年前，父母对他们教育的失职。"往者不可谏，来者犹可追。"但可悲的是，有些人仍在继续培养和他们一样缺乏责任心的下一代，他们最可悲的教训就是从不从教训中吸取教训。

我在中小学做公益演讲时，都要谈到梁启超先生的《少年中国说》，我最喜欢里面的一段话就是："今日之责任，不在他人，而全在我少年。少年智则国智，少年富则国富；少年强则国强，少年独立则国独立；少年自由则国自由，少年进步则国进步；少年胜于欧洲，则国胜于欧洲；少年雄于地球，则国雄于地球。"这段文字讲出了少年的责任心——心忧天下的责任心——怀此责任心，自当认真读书、快乐读书、为中华之崛起而读书；不怀此责任心，又怎能扛过十年寒窗的艰苦和游戏娱乐的诱惑呢？

五、惭愧心

人们在看古装电视剧或电影时，常听到的台词是"惭愧，惭愧"，说的就是"惭愧心"。有此心的人，打扰别人，给别人添麻烦时，自会说"不好意思"；成绩下降时，自会奋起直追；骄傲自满时，自会收敛；看到贤能的人，自会见贤思齐；意识到自己没有敬畏心、感恩心、宽容心和责任心时，自会知耻后勇而升起惭愧心。惭愧心就是孟子所说的"羞恶之心"的发用，这是人之为人的根本，所以我将其放在最后。

第三节　培养孩子的六大意识

意识决定行为，行为决定习惯，习惯决定成功。好习惯要从培养好意识开始，好意识要从小培养，以下六大意识对孩子尤为重要：一、决策意识；二、目标意识；三、准备意识；四、规则意识；五、时空意识；六、诚信意识。

一、决策意识

现代家庭，孩子是掌上明珠，衣来伸手、饭来张口，很多事情都由父母或家庭成员代劳，这无疑断送了孩子的决策能力。俗话说，穷人的孩子早当家，决策能力是当家的第一步。当孩子提出明确要求时，或某事与孩子息息相关时，很多家长也懂得让孩子参与决策，但在很多看似与孩子无关的事情上，很多父母就不会主动想到让孩子参与决策——小到出行方式、旅行攻略、穿衣搭配、午餐菜单……大到购买家具、购买汽车、生二胎或三胎……这些看似与孩子无关的决策，其实对锻炼孩子的决策能力尤为重要，而且还体现了对孩子的尊重和信任。

二、目标意识

目标就像航船的方向，没有目标，任何风都不是动力，所以从小培养孩子的目标意识非常重要。目标不但能让孩子有前行的方向，而且是父母和孩子沟通的桥梁，可以说，没有目标，就没法沟通，也没法检查、评估和复盘。举例：孩子说："妈妈，我要看电视。"妈妈紧接着就要和孩子确认看多长时间，时间就是目标的一部分。事实上，目标已经涵盖了孩子每天的学习和生活。没有目标意识的孩子，大多数时候都是疲于奔命地被"被动目标"推着走，而非用"主动目标"来管理自己的时间和生活；有目标意识的孩子，会统筹安排好每件事，忙而不乱，有条不紊。

关于目标，人们常说五个原则：

（一）量化原则

具体明确，能用数据衡量。

（二）挑战原则

超过孩子的轻松线，要让孩子努力一下才能达成，但又不能超过孩子的忍耐极限，否则会挫伤孩子的积极性。

（三）可视原则

目标最好能可视化，把目标写出来或打印出来贴在墙上，时刻提醒孩子。

（四）时间原则

必须在约定的时间内完成，短时间目标可以用秒表提示，长时间目标需要定期提示。

（五）奖惩原则

完成目标要奖励，以孩子喜欢的方式奖励，而非简单粗暴地给钱；未完成目标要惩罚，惩罚孩子做有意义的事，比方说，惩罚孩子跑步、做家务、到小区捡垃圾——暴力惩罚是下下策，所有的惩罚和奖励都是为了让孩子成长，这是永恒不变的核心。

三、准备意识

很多人是脚踩西瓜皮，滑到哪里算哪里；还有一些人是临时烧香抱佛脚，这些都是不好的习惯。凡事预则立，不预则废，准备越充分，成功的概率就越大。很多孩子在出发前还慌里慌张，东找一下，西塞一下，出门后还是发现东西忘带了。在准备方面，我分享四个有效的建议：

（一）清单打钩法

将要准备的东西列在清单上，完成一个打一个钩，这或许是最古老也是最简单的方法。

（二）先紧后松法

无论是在时间上还是在进程上，开始的时候要有些紧迫感，后面会宽松些。

（三）先易后难法

先从简单的开始，提升效率并建立自信，要是一开始就啃难的，往往会望洋兴叹。

（四）多套方案

手里有粮，心中不慌，办法总比困难多，要多准备几套方案，事情就会有更高的成功率。

四、规则意识

古话说得好："没有规矩不成方圆。"但有些国人却很少有规则意识。相比较而言，欧美人的规则意识比较到位，或许有人说，中国的人口密度太大，到处乱哄哄的，很难建立起规则意识。事实上，不是因为人多而乱哄哄，而是因为缺乏规则意识才会乱哄哄。日本的人口密度比中国还要大，但由于日本人的规则意识比较强，所以纵然日本的车道很窄，很少有中国这样的双向八车道，但日本的堵车却不如中国严重，原因就是规则意识。

谈到规则意识，很多时候都是令人崩溃的。乱丢、乱放、乱吐、乱行、乱说、乱涂、乱看，我相信每个人都深受其害，但自己又是祸害大军中的一人，想想真是悲哀，这样的国人再有钱，也是贫弱啊。当我看到五六十岁乃至三四十岁的某些同胞在公共场合乱象丛生时，我只是感觉很悲哀；当我看到二十多岁的年轻人乃至十几岁甚至几岁的孩子随手乱丢垃圾、随地吐痰、乱闯红灯、不排队时，我真有一种绝望的悲凉感，这样一代代地传染，何时才是尽头啊？所以，从2017年开始，我组织了一些志同道合的朋友在当地城市捡垃圾，目前在苏州、天津、青岛、郑州、济南、广州、佛山、玉林等城市小规模举办——家长带着孩子走到社区、公园和火车站，一手拿着垃圾钳，一手拿着垃圾盒，背上贴着"亲爱的同胞，请别乱丢"的提示标语，我知道我们的行为是杯水车薪，但我希望用这样的方式唤醒人们的规则意识。我希望通过这个活动告诉孩子们：人要有规则意识，不要乱丢乱放，不要给别人带去麻烦。我也相信常带孩子做这样的公益活动，能胜过千言万语的说教，我们家的四个孩子都多次参加这样的公益活动，所以在丢垃圾这件事上，他们有着强烈的规则意识。

规则意识分两种：一是对自己的规则意识，二是对外界的规则意识。对自己的规则意识也可称之为自己的原则和底线，每个人都有自己的原则和底线，但我认为最低的底线应该是不伤害别人。如今很多孩子都在讲自由，但真正的自由是以约束为前提的，至少你的自由不能妨害别人，只要抓住这个原则，这个孩子应该就不会出大乱子。同时要培养孩子对外界规则的尊重，不要总是以自我为中心，这是当今许多孩子身上的大问题，但归根到底还是父母造成的，因为父母总是以自我为中心来教育孩子，不知不觉间，孩子也变成了一个自我感很强的人，所以我在本书花了大量笔墨阐述如何放下自我。

五、时空意识

人的生命是由时间构成的，经营时间就是经营生命，经营时间的价值就是经营生命的价值，所以鲁迅说："浪费别人的时间就等于谋财害命。"但很多孩子都有拖延的习惯、混时间的习惯，在家里东摸摸西摸摸，南边站会儿北边站会儿，看上去一天到晚都在忙碌，却没有任何产出。现在很多中学和小学的孩子，做作业都要做到晚上10点以后，有的要超过12点，这确实与作业多考试压力大有关，但孩子们效率低下也是不能回避的事实。小时候，父亲一直告诉我李大钊的名言："玩就玩个痛快，学就学个踏实。"这句话一直影响着我的时间观，比方说，我练书法、写作、读书，一上桌就是几个小时，打球一上场也是大半天。用整片时间学习，效率高，产出大，孩子就省出更多的时间，然后父母再引导孩子享受这些多余的时间，让孩子放松，做运动及自己喜欢做的事，如此一来，孩子就喜欢上了时间管理，成了时间的主人。任何人都是因为尝到了好处才坚持，所以父母在要求孩子努力学习时，不仅要让孩子看到成绩的提升，还要让孩子看到个人可支配时间的增多，让他能获得更多的自由。

时间意识的另外一个层面就是守时，但很多中国人都不守时。我相信大多数正在阅读本书的父母也无法做到守时，但为了孩子，我希望父母们能改变自己。最好能利用一次正式宴会的机会，带着孩子早早抵达现场，然后和孩子一起数一数有多少迟到者，这样既增加了孩子的成就感，也给孩子一个守时的深刻体验。

培养孩子的空间意识，从粗线条上分，空间分成私人空间和公共空间两个概念。私人空间需要经常整理，整理私人空间的过程就是断舍离的过程，所以父母要定期协助孩子清理不用的东西，让垃圾去该去的地方，让空间明亮起来。空间意识的底线是不破坏公共空间，客厅、厨房和卫生间都是公共空间，要提醒孩子不要破坏。但要做到空间意识，实在太难了，因为大多数父母自己也是一塌糊涂——我写着写着，总觉得孩子的问题最后都回到父母身上，在这方面，我也很惭愧，我也是问题父母中的一员，在此检讨并力求改正。但我想，既然时间就像海绵里的水，只要愿意挤，总还是有的；那么空间就应该像魔术师的手，只要愿意丢，总能丢出新的惊喜。

六、诚信意识

诚信，简单地说就是说话算数，"曾子杀猪"的典故和"勿以善小而不为，勿以恶小而为之"的古训说的都是说话算数的朴实道理。而现实生活中，很多父母总是随口答应孩子却又随意地忘记，这就是"以善小而不为"，对忘记了这件事本身感到无所谓就是"以恶小而为之"。

孩子如果没有诚信意识，长大后就会成为一个拖拖拉拉、虎头蛇尾、有始无终、言而无信的人。我遇到很多这样的人，他们在职场上都很难取得成功，从一定意义上说，这些成年人的问题都可以追溯到他们小时候的家庭教育。

相反，我也见到过很多一诺千金的企业家，我有位西安的学生，他也是一位企业家，他答应来杭州上课，连夜飞过来，两天课程只上了半天又飞回去了，因为第二天下午又答应了要接待另外一位朋友。很多人会认为，来回飞两次就是为了见两个人做两件事，而且这两件事都并非什么重要的大事。事实上，就是这种很简单的品质，对说话算数的坚持，才成就了今天成功的他。

第四节　随时随地都是教育

教育是个春风化雨的过程，如同木樨花香无处不在，父母要随时随地地教育孩子，我从以下六个方面阐述：随时改错、随时分享、随时赞美、随时鼓励、随时确认、随时重复。

一、随时改错

如果要以更高的标准来要求自己，我们会发现自己每天都要犯几十上百个错误，大多数父母一不小心就命令孩子，一不留神就否定孩子，脱口而出就打击孩子，所以为人父母要时刻觉察自己的行为偏差，一旦错了，立刻道歉，就算当时没觉察到错误或情形不允许道歉，事后也要补个道歉。敢于道歉的父母一定能培养出敢于道歉的孩子，当孩子敢于道歉愿意道歉时，其人生是不会偏航的。这一点我做得不错，很多时候，我突然对着孩子说："哦，不好意思，我刚才犯了一个错误，现在就改正。"孩子也被我搞蒙了，我之所以这样，一方面是觉醒的力量，另一方面是给孩子做个好示范。所以孩子是我的老师，他们在客观上帮助我不断完善自己，我相信，长此以往，也能让孩子养成有错就改的好习惯。事实上，敢于道歉、愿意道歉的人，才是真正有自信的人，孔子说："过而不改，是谓过矣。"他的学生子夏说："小人之过也，必文。"当你真正拿起道歉这个武器，真诚道歉并改正错误时，你会发现，教育孩子实在太简单了。

二、随时分享

随时随地捕捉发生在你和孩子身边的事情并分享给孩子

听,以增长孩子的见识。或许是老师的缘故,或许是喜欢发散思维的缘故,任何一点小事,我都能展开很多,也愿意不厌其烦地和孩子分享。有一次吃酸菜鱼,女儿一边吃饭一边说:"鱼片没有了。"我说:"应该还有,只要你认真地找一找,就一定能找到。"于是我在锅里找了一下,竟然找到了大大小小的七八块鱼片,女儿很惊诧,我继续和她分享:"任何事情,都不要随便下结论,只有认真地做过,才能下最后的结论。"

三、随时赞美

这一点很多人都知道,也用在孩子身上,但很多父母歪曲事实地赞美孩子,这一点我就不认同。赞美的本意是要赞其美,其目的是要引导孩子朝着美的方向发展。而且赞美不应该只浮在表面的感觉上,要具体化,否则孩子会以为父母在搪塞他。当父母将赞美具体化的时候,孩子更能感受到父母的诚意。父母要有一颗敏锐的发掘孩子优点的心,找到就赞美,哪怕是再小的优点,也要赞美,赞到孩子不美都不好意思,但必须是真实的,且要讲出真实的理由。

四、随时鼓励

鼓励和赞美既有联系又有区别,赞美更多的是对结果的肯定且多用语言来表达,而鼓励更多的是对过程的肯定,且更多的是用肢体语言来表达,如半拥抱、全拥抱、单点赞、双点赞、点头、微笑、击掌、鼓掌、握拳、摸摸头、拍拍肩膀等肢体语言都能给孩子以鼓励的力量。事实上,很多时候肢体语言所传递的力量往往比文字和声音更大,佛教典故中的"拈花一笑"讲的就是肢体传心传语的力量。

五、随时确认

随时确认你和孩子之间的状态。比方说,"亲爱的,我爱你,随时爱你,随地爱你,爱你的一切……"这些确认能让孩子拥有安全感。随时确认你和孩子共同坚信的价值观并将这些价值观随时随地地与某情某景结合起来,并解释相应的情景,即用相应的情景来验证和确认这些价值观。我常分享给孩子的价值观包括正气、亲亲、仁民、爱物、先后、感恩、公平、双赢、成长、诚信、敬畏、勇敢、欣赏、谦逊、刚毅、机变、利他、善舍、大气、勤谨、忠恕、诚意、务实、精进、仪式、尊重……并将这些价值观一次次地渗透到人事物中,春风化雨地教育孩子和自己。随时与孩子确认价值观是件重要的事。因为人与人之间的冲突、郁闷、纠结、愤怒大多数时候都是价值观的冲突,父母要是能在价值观方面和孩子产生共鸣,我相信亲子沟通会变得很简单。

六、随时重复

父母每天和孩子说很多话,但你希望孩子记住的重点是什么呢?事实上,孩子忘记了父母唠叨的百分之九十九。所以父母要想让孩子记住什么,最好的方法就是重复,父母重复什么,孩子就能记住什么,就像广告一样,十几年甚至几十年的品牌广告只重复一句话,比如"怕上火喝王老吉""好空调格力造""去屑就用海飞丝"。父母要和孩子重复什么呢?最需要重复的就是价值观,而且是价值观中的核心,我和孩子重复最多的就是正气,仔细回想我自己,我父亲对我说过那么多耳提面命的话,但让我脱口而出的则是"刻苦读书,兄弟团结"。这两句话都把我耳朵磨起茧了，也在我心里留下深深的烙印——刻苦、团结——事实上，刻苦团结也包含在我说的正气之中。

第五节　与孩子的七个沟通法则

事实上，我前面谈到的所有内容，到最后都要归结到沟通上。沟通就是说话，说话是一门艺术，需要一辈子学习，人世间最难的就是找一个能说话的人，这里面纵然有价值观的原因，也有沟通技巧的原因。沟通的意义在于引发对方的回应，沟通中最难的就是营造畅所欲言、敢讲真话的氛围。我从以下七个方面简单阐述：一、情事观沟通法；二、声情并茂沟通法；三、温和坚定沟通法；四、引导沟通法；五、故事沟通法；六、一二三沟通法；七、提问沟通法。

一、情事观沟通法

很多时候，沟通双方无法就问题达成一致，其实并非有什么大的天然鸿沟，而是因为双方都不能进行情感的共鸣而产生了敌对状态，双方的冲突已偏离事情本身而进入情绪对抗状态，或双方价值观差异太大而无法沟通。所以沟通的第一步就是共情——共鸣对方的心情，这是成功沟通的关键。共情——只是手段，其目的是解决问题，具体分三个步骤：第一，环境选择与共情（情）；第二，确认原因与结果（事）；第三，返回底层价值观（观）。如能熟练运用，这三步能解决很多亲子间的沟通问题。

（一）环境选择与共情

环境和情绪是两个话题，但我却将其放在一起，因为环境和情绪是相互影响的，环境会影响沟通情绪，相反，情绪的好坏也会影响人们看待环境的心情，以至于相互影响。

事实上很多火药味甚浓的沟通都发生在一个封闭空间的房子里，人们很快就陷入抬杠、辩论、指责、辱骂等恶性循环中，此时双方要是能走到广阔的天地间，或许可以抬头看看天空、远山甚至是随风摇曳的树叶和飞鸟，人与人之间压抑的负能量情绪或许就会得到释放，苹果创始人斯蒂夫·乔布斯很喜欢用这种方式与同事或朋友进行沟通，每当他与同事或朋友发生矛盾时，他就请对方出去散步聊天，每次都能化干戈为玉帛。我也尝试用这种最古老的沟通方式与家人沟通，效果确实很好。有一次，吃完晚饭后，我和父亲闲谈到某个话题，突然观点冲突了，双方情绪对抗，都感觉到不愉悦，然后我们到小区里散步，坐在椅子上，吹着凉风，听着虫鸣，看着明月，我们肩膀搭在一起，刚才的那些事儿早已消失于浓浓的父子亲情中。我也用同样的方式和女儿沟通，我们边走边牵手，甚至十指交叉，我们边散步边聊天，有一句没一句地聊着，也不用看彼此的眼睛，没有压力，我们的亲情在散步中不断升华。

很多父母抱怨孩子不把自己的话当话，为什么？因为父母没重视，吃饭的时候在餐桌上随便一说，或一家人坐在沙发上看电视时突然想起来就随便一说,这样的沟通环境没有仪式感，当然无法让孩子把父母的话当话，因为父母并未将自己的话当话。所以我们要郑重其事又温和地和孩子谈话，孩子才会听话。事实上，沟通环境的选择非常重要，恋人们的爱情往往在咖啡吧或西餐厅的烛光中才能得到滋养，生意人的业务往往在酒桌上才能成交，也是这个道理。

人最难控制的就是情绪，很多人一辈子都是情绪的奴隶，所以在人际沟通中，一丁点的事都能在情绪的推波助澜下演绎成人间悲剧。所以，当孩子有事情要和父母沟通时，或父母主动找孩子沟通时，智慧父母会选择一个合适的环境，聆听孩子的倾诉，感受孩子的情绪，让孩子完全说出自己的感觉，父母听完后还要与其共情，并告诉孩子："我曾经也遇到过和你类似的事情，也与你有类似的心情，所以我完全理解你的情绪。"甚至还可以讲一个自己的故事，和孩子产生更大的共鸣，这就是非常好的共情过程。事实上，当对方的情绪得到共鸣与释放后，所谓的事也就不再是个事了。所以很多时候，父母与其花很多时间和孩子讲道理，不如花些时间聆听孩子的心声，与孩子共情，往往能起到"不战而屈人之兵"的神奇效果。

共情是需要相关技巧的，我分享几个简单建议：

第一，选择适合的沟通环境；

第二，和孩子的眼睛处于同一个水平线上甚至比他低一点，以免给孩子居高临下的感觉；

第三，真诚温柔地看着孩子，心里充满着爱而不是愤怒和抱怨，纵然孩子有问题有过错，但在今天的浮躁环境中，孩子也是受害者，要从这些角度来理解孩子；

第四，听孩子说话时要点头，还要配合"嗯……哦……理解……是的……"这样的回应词汇；

第五，和孩子进行有效的身体接触，握住他的手，给他温暖和力量，或拍拍孩子的肩膀，或与他拥抱，只要沟通双方能进行肢体的合理接触，就能有效提高沟通的效果和温度；

第六，用缓慢而低沉的音调与他沟通。

（二）确认原因与结果

面对具体的事情，父母在和孩子共情后，要帮助孩子找到事情的真正原因，事情的原因可能是多方面的，要帮助孩子分条缕析。事情的结果是客观的，是有责任归属的，要引导孩子去担当；事情的结果没有绝对的对与错，也是可以干预的，引导孩子朝着双方利益最大化的方向去推动结果。当然，要能做到顺畅地沟通，前离不开共情的感性铺垫，中离不开原因与结果的理性分析，后离不开看不见却时时主宰沟通的底层价值观。也就是说，但凡沟通失败，也不外乎这三个方面出问题了，当下能做文章的只有环境选择与共情，确认原因与结果，而返回底层价值观则非一日之功，所以，父母平时要注重和孩子进行价值观的培养与共鸣，否则出问题时很难达成共识。

（三）返回底层价值观

如果经过以上两个步骤后，依然无法与孩子达成共鸣，那问题就出在价值观层面了。所以父母平时一定要加强和孩子进行价值观的重复与确认，而不仅仅是学一招半式的育儿技巧。作为父亲，我一直都在努力培养孩子的价值观：爱、成长、感恩、诚信、双赢、公平，这些都是孩子一看就懂的词。简单解释，就是希望孩子是个有爱的人，是个爱自己、爱父母、爱兄弟姐妹、爱家人、泛爱众的人，是个懂感恩的人，是个无论心灵还是能力都要持续成长的人；希望孩子在为人处世方面要讲诚信，要说话算数；要懂得照顾别人的感受和利益，努力做个双赢的人；同时要有公平的思维。

举一个我与女儿沟通的例子来解释如何用"情事观沟通法"的三个步骤来解决孩子和家庭的问题。有一次，女儿在厨房温中药，妈妈带着愤怒的情绪走过来站在她背后问："你在干吗呢？"女儿不理不睬，妈妈更郁闷了，又问了几句，女儿还是不理，妈妈只能愤怒地走开。这是一件很小的、人人都会遇到的家庭琐事。我走出书房，把女儿叫到我的小茶台边，关上房门，在安静的环境中和女儿沟通。我首先能理解女儿的情绪并与她共情，我对女儿说："你这样做一定是有理由的，爸爸想听听您的理由。"在我温柔的鼓励下，女儿和我说了很多她和妈妈之间的误解，我也不做任何说明，只是倾听她的表达，并做一些共情的互动。听完后，我对女儿说："对这件事，你和妈妈各执一词，而且都是根据过往的经验与判断来猜测对方，所以产生了冲突，误会就是这样产生的。"女儿基本上表示认同，于是我又说："撇开之前的老旧误会不谈，就这件事而言，在结果上，是你让妈妈很生气，或者说你是这件事情的直接引爆者，大部分直接责任能归结到你的身上，是吗？"女儿基本上表示认同，我继续和女儿确认，这件事衍生出来的结果有三个：第一，冷战或升级成大战；第二，您主动和解；第三，妈妈主动和解。您愿意推动哪个结果？同时我借助这个机会和孩子分享爱、成长、感恩、诚信、双赢、公平等底层价值观,并将这些底层价值观纵横展开:"你要爱自己,但冷暴力却是伤害自己,也在伤害妈妈,这就不是双赢,而是双输了;而且无论怎样,孩子总是要感恩妈妈的……所以,我觉得你要给妈妈道歉,而且强者和觉醒者总是先道歉的,当然,如果你不认同我的观点也没关系,我无条件接纳和爱你,但我也明确表达我的希望,当然,我也会和妈妈分享同样的观点……"最后女儿给妈妈道歉了,这事也就这么愉悦地解决了。

二、声情并茂沟通法

很多人都简单地将沟通理解成说话,更有人简单地将沟通理解成说出来的文字,事实上,影响沟通的元素有三:文字、声音和肢体。按照五五三八七法则,沟通效果的百分之五十五取决于肢体语言,包括手势、表情、眼神;百分之三十八取决于沟通时的语气、语调、语速、重音、拖音;百分之七才取决于说话时的文字。但这并不说明沟通中的文字不重要,正如大脑只占身体重量很小的百分比,但不能因此说大脑不重要。事实上,肢体、声音和文字都一样重要,都能深度影响沟通的效果。但每个孩子对这三大元素的天分都不一样,有些孩子一说话就手舞足蹈,眼睛炯炯有神;有些孩子的音色好听;有些孩子的文字表达能力很强;有些孩子刚好相反。所以父母要有针对性地训练孩子的短板。然而事实上,孩子的很多短板来自遗传,后天又被父母影响,所以智慧父母总能在孩子成长的过程中及时地给孩子找到相应阶段的成长导师,弥补孩子的短板。同时我还建议:对不善于使用肢体语言的孩子来说,父母在与其沟通时要刻意加大肢体语言;对说话声音小而弱的孩子,父母与其沟通时要刻意增大音量，让文字、音量和肢体立体地呈现在孩子的沟通中。

三、温和坚定沟通法

在回应孩子时，一不小心就会给孩子传递不同的沟通感觉——命令、指挥、控制、警告、训诫、威胁、批评、指责、教育、辩论、说服、建议、解释、分析、安慰、同情、质问、审问，等等。很多家庭教育方面的书籍说，父母要用某某回应方式，不能用某种回应方式，我并不认同这样的说法。在不同情况下，父母可以也应该选择不同的回应方式，甚至包括极端的回应方式，毕竟孩子是千差万别的，孩子所做出的事情以及事情引发的后果也是千差万别的，所以父母也应该选择不同的回应方式，只是要明白哪些回应方式是经常使用，哪些是偶尔使用，哪些是极端情况下使用而已。

谈到回应方式和沟通感觉，很多父母噤若寒蝉，一方面想发火、想吼叫；另一方面又想到了某某专家的教诲而压制怒吼，这实在是很糟糕的四不像。正确的做法应该是：要呈现事实，要表达感受，要引发思考；不要发泄情绪，不要给出答案，不要缺乏耐心。这是本书非常重要却又容易被众多文字覆盖掉的观点，我称之为"三要三不要"。解释如下：父母要客观地将事情的真实状况描述给孩子听，并表达出对这件事的感受，同时要建议孩子去思考并从这件事中得到启发。我相信，父母经过这三个步骤后，其情绪差不多已经平复了，但在沟通中要时刻体察自我，不要让自我升起，自我一升起，就想给孩子答案，所以我提示与孩子沟通时要有耐心。事实上，和孩子的沟通是一场温柔的拉锯，谁更有定力，谁就能掌控局面，很多时候当耐心缺失了，坏脾气就通通登上舞台了，亲子沟通也就像多米诺骨牌一样前功尽弃了。

另外，在回应沟通中，我还有如下建议：

1. 沟通的语气要尽量温和，但观点要坚定有力，要做到："礼貌地征求""温和地坚定""微笑地说不"。用"我……"的开头句式来代替"你……"的开头句式，这样就能有效地做到温和坚定而不是命令否定。

2. 避免在回应中用"但是"这样剧烈转变的词——前一秒春风拂面，后一秒冰雪皑皑。建议将"但是"换成"同时"或"虽然"，以转移对方的关注点。"但是"的关注点是这句话的后半段，"同时"的关注点是一样的，"虽然"的关注点是这句话的前面。

3. 父母的回应方式会潜移默化地影响和改变着孩子，但值得注意的是，强硬的回应风格只能是暂时有效，且等孩子大了，父母老了，曾经的强硬或将全部报复到父母的身上，这或许也是天道循环。

四、引导沟通法

这是一种有效的说服技术，家长若能熟练掌握如下十种引导沟通技术，将会非常轻松地驾驭和孩子的沟通。这十种沟通技术是假设同意引导法、二选一引导法、第三方案引导法、百分比引导法、类比引导法、场景想象引导法、重新定义引导法、逐步渗透引导法、换位思考引导法、正面暗示引导法。我分别举例说明，读者朋友可按照我的格式去体会沟通的微妙之处，并运用在与孩子的沟通中。

（一）假设同意引导法

假设你认同我的观点……/ 正如你所知道的……

（二）二选一引导法

你是先打扫房间还是先做功课？/ 你是吃米饭还是面条？

（三）第三方案引导法

在黑白之间是否还有第三种颜色？/ 这件事是否还有第三个选择？

（四）百分比引导法

你感觉数学老师是故意找碴，你有百分之多少确信你的感觉？为什么不是更低的百分比呢？

（五）类比引导法

世界是你们的，也是我们的，但是归根结底是你们的。你们青年人朝气蓬勃，正在兴旺时期，好像早晨八九点钟的太阳，希望寄托在你们身上。

（六）场景想象引导法

你可以想象一下，当你整天沉溺游戏中……

（七）重新定义引导法

我理解了，你的意思不是不想上学，而是没有喜欢的同学一起去学校……

（八）逐步渗透引导法

我相信你对我的这个想法应该会有一点小小的认同……/ 我相信这个建议会对你有一点小小的帮助 / 你是否有一点点认同我的观点？

（九）换位思考引导法

如果你是爸爸，你会怎么做？/如果你是爸爸，你会怎么看待女儿粗心这件事？

（十）正面暗示引导法

将沟通的聚焦点关注在结果上而不是问题上，将焦点关注在事情的积极面上而非消极面上。例如，将"这件事的问题有三个"变成"要完成这件事需要从以下三个方面来着手"；将"笨"换成"大智如愚"；将"毛毛糙糙"换成"风风火火"。

五、故事沟通法

人在潜意识里，都爱听故事。事实上，人从婴儿开始就听妈妈讲故事，这个潜意识会伴随人的一生。所以故事就像妈妈的乳汁，更容易被人接受。在教育孩子过程中我们会发现：讲道理太枯燥生涩，容易让孩子产生抵触心理；摆事实虽然能让孩子口服但却很难心服。而讲故事往往有代入感，孩子容易被故事引导，自己把自己说服了，能够起到很好的沟通效果。

好故事应该包括五个元素：时间、地点、人物、对话、结论。一个好故事讲完后，要给听者若有所思、若有所悟的感觉，并且能启迪听者的行动。课堂上有位河南企业家告诉我，他要是早早放弃和女儿讲大道理的思维而学会讲故事，他与女儿的关系也不至于到今天。是啊，我们很多父母，天天和孩子讲一些正确的废话——大道理，殊不知，孩子与你的沟通心门早已关闭。

六、一二三沟通法

很多人一开口就一锅粥，东一锤子西一榔头，听者听得云里雾里,自己也说得稀里糊涂。这样的表达习惯在未来职场中是没有竞争力的。所以家长和孩子说话时要用一二三,孩子回答父母问题时也用一二三,强行用一二三把沟通内容分条缕析,这是一个很好的沟通习惯。如果来不及在每句话或段落的开头用一二三,也可以将一二三放在结尾以示区隔,从而让沟通变得更有序,当然并非时时刻刻都这样说话,但至少要有这样的沟通意识。

七、提问沟通法

最好的说话方式是提问,欧美流行的教练式谈话技术就是一种高超的提问技术,提问能变被动为主动,提问沟通的基本思想是"我没有答案,但我会引导你自己得出答案"。在此我和读者朋友分享两个重要的提问技术:第一,纵横开合提问法;第二,层层锁定提问法。建议边沟通,边记录,边画出图文并茂的思维导图,且整个沟通过程不要给孩子答案,同时要引导孩子自己得出答案。

(一)纵横开合提问法

顾名思义是从纵向和横向两个角度来协助孩子思考问题,纵向提问能帮助孩子看到事物更深层次的可能性,横向提问能帮助孩子看到事物更广视角的可能性。纵横开合提问法的本意是通过提问帮助孩子更清晰地理解当下的事物和相关的问题,所以不要给孩子打破砂锅问到底或审问的感觉,如果给孩子这种感觉,谈话就无法继续了。

(二)层层锁定提问法

第一步,与孩子确认问题的原因且一次性把原因问完,形成原因列表；

第二步，与孩子确认，如果列表里的原因都能达成共识，问题是不是就解决了？如果孩子说不是，那就再回到第一步，直到找到达成共识的全部原因列表；

第三步，引导孩子将这些原因列表合并、归类和排序。

结论：这样就能将孩子口中一个模糊不清的问题找到一条条清晰有序的原因，就更容易与孩子达成共识。

事实上，提问沟通的最大价值是帮助孩子，而不是说服孩子，所以请拿出纸和笔，边提问边记录边整理，和孩子一起发现问题、分析问题、解决问题，做孩子的好朋友和好父母。

第六节　与孩子的七个谈判思维

一提到谈判，很多人都会想到冷冰冰的商业环境，其实生活中谈判无处不在，和孩子的沟通就是谈判，而且孩子是天生的谈判高手，父母说"关电视了"，孩子说"还看最后一集"，父母说"不行"，孩子说"看最后一分钟"；实在不行，他还会拿出哭闹的法宝来增加谈判筹码，迫使父母让步。下面我和父母们分享一下与孩子谈判的一些行之有效的策略。

谈判的核心不是征服而是双赢——让双方都有成就感。我以孩子常见的看电视、跑步、吃饭为例来简单说明这些策略。

一、让孩子先开条件

比方说孩子想看电视,父母不要强行规定多长时间,要让孩子自己说时间,再"讨价还价",并确认最终结果,计时。这样,孩子就没有被强迫的感觉。让孩子自己做决策,有利于人格的成长。当然,有时候孩子开了一个不能接受的条件,我们也不要随便否定他,而是开一个他也接受不了的条件——同时在数量上和数目上做文章,然后再慢慢谈。请注意不要暴露自己的底线,否则我们无路可退时,孩子会认为父母苛刻,不通人情,让父母有苦说不出。

二、与孩子交换条件

当孩子提一个要求时,父母在答应孩子的同时也要向孩子提出一个要求,这就是交换条件,这样可以阻止孩子无节制地向父母提要求。因为他知道,每向父母提一个要求,都可能要付出相应的代价。比方说孩子想看电视,父母可以说,中午要吃完一碗饭。

三、让孩子自己选择

我带儿子跑步,跑着跑着,他说累了,我对他说有三个选择:

1. 继续跑步(可以慢,不可停);
2. 停下来,练金鸡独立;
3. 停下来,背诵;他说练金鸡独立,然后又选择背诵《大学》,最后,跑步、金鸡独立和背诵都做到了,孩子还有成就感。

四、有条件让步

有时候，儿子不想跑步，想散步，我就和他有条件地谈判，并达成约定：遇到树荫就散步，遇到太阳就跑步。在跑步的过程中，我还和他喊着口号："男子汉，迎着太阳奔跑；男子汉，迎着太阳挑战；风儿，吹我吧；鸟儿，为我歌唱吧……"当他想放弃时，我就和他说"爸爸喊开始，你喊停"。就这样，我们跑一会儿停一会儿，停一会儿跑一会儿，孩子觉得很好玩，很有成就感。

五、各让一步

周末，我建议女儿朗读《孟子》60分钟，女儿说30分钟，我们各让一步——45分钟。各让一步，能培养孩子的公平意识和妥协精神，有利于孩子人格的成长。

六、特例让步

在让步时要告诉孩子，这是一个特例，比方说今天是你的生日，所以爸爸答应你的要求，但这种让步不能作为常规来执行。

七、最后一次

孩子天生就会这一招，父母也要学会这一招："来，再吃最后一口饭……""来，再跑最后一圈……""加油，再坚持最后一次……""最后一次"是拼搏的精神，"最后一次"是鼓励的爱。

当然，无论是哪种谈判方法，必须要得出让孩子心服口服的结果，如果只是口服心不服，建议家长考虑与孩子重新沟通。有一次，我和儿子约定允许他看10分钟电视，用手机计时。

时间到了，铃声响起，儿子条件反射般地把电视关了，但却噘着嘴独自生气。一方面，他遵守和爸爸的约定；另一方面，他想继续看电视。观察到这个状况后，我问他"是不是生气啊……是不是想继续看？"最后，我们达成了让他心服口服的协议——把本集剩余的 2 分钟看完。

第七节　培养孩子的十五个重要建议

一、父母要有利他思维和行为

父母的每种言行举止都在影响着孩子，包括最基本的家庭卫生、房间摆设、坐立行站等都在塑造着孩子的未来。当然，如果父母在这方面不太注意，孩子在未来或许会邋遢一些，但也不是什么致命的问题；但如果父母的行为总是自私自利的，就算能为家庭争取一些暂时的蝇头小利，长远而言，孩子也会耳濡目染而成为自私自利的人，这对孩子的成长是极为不利的，这笔账是划不来的。所以，父母要有利他思维和行为，这对孩子的成长至关重要。我们"70 后"的父母大多是"50 后"或"40 后"，他们很多是不认识字的，身处那个年代的农村，我相信，家庭卫生、房间摆设、坐立行站或许都不会太好，甚至很糟糕，但他们的孩子却发展得很好。这是为什么呢？因为这些淳朴的老农民身上有着天生的利他思维和行为，他们或许只会教孩子一句话"不要做坏事"或"不要占别人便宜"或"吃亏是福"或"人不能懒惰"。事实上，很多"70 后""80 后"

就是在这样的教诲中成长成才的。

二、与孩子间的沟通要有抓手

父母和孩子之间的沟通产生如此大的障碍是因为缺乏沟通的抓手。父母往往直接要求孩子做什么，不做什么；这些要求说轻了，没效果，说重了，孩子逆反。事实上，任何人都讨厌被直接命令，任何人都喜欢听从自己的心声。所以亲子之间的沟通若没有抓手，孩子会一直活在父母的要求中，这种沟通环境会直接导致孩子的青春期叛逆。

我和孩子们之间就有沟通的抓手。我曾经带着女儿去看电影《狼图腾》，其中有个片段成了我和女儿间沟通的抓手：电影的主人翁带着小狼在草原上奔跑，甚至还爬山过河，我当时就和女儿说："看，这就是训练，你就是爸爸的小狼，未来爸爸也要训练你。"这画面和观点得到了女儿的确认，直到现在，邀请或建议女儿跑步时，我都用七八年前电影中的那幅画面作为抓手与她确认，效果还不错。

我和孩子们之间还有更大的抓手，那就是《大学》《论语》和《孟子》。我儿子四五岁的时候就会背诵大学的开篇："大学之道，在明明德，在亲民，在止于至善。知止而后有定，定而后能静，静而后能安，安而后能虑，虑而后能得。物有本末，事有终始，知所先后，则近道矣。"这段文字会彻底影响我的孩子们并确保他们的人生不会偏航。

孟子的"浩然正气""亲亲，仁民，爱物"和孔子的"己所不欲，勿施于人"，也是我和孩子们之间沟通的抓手——即使四五岁的孩子都懂，这就是国学的魅力、经典的魅力。举例：

饭点到了，儿子还在看电视，我就和他说"知所先后"，他就明白了，此时，吃饭在先，看电视在后，他不是被我说服的，是被《大学》中的"知所先后"说服的。

这样的案例还有很多：当儿子心情不好，不想搭理我的时候，我就和他说"亲亲"；当儿子不愿意将东西和小朋友们分享时，我就和他说"仁民"，当儿子玩兴奋了，甚至会粗暴地摆弄玩具，我就和他说"爱物"，当儿子做事虎头蛇尾时，我就和他说"事有终始"……总体来说，沟通效果还是不错的。另外，我在儿子很小的时候就与他分享一个观点：走大学之道，生浩然正气。每天我们都重复这句话，孩子的行为一偏差，我就问他"你这是在走大学之道吗？"孩子的情绪一偏差，我就问他"你生的是浩然正气吗？"我相信在这些沟通抓手的护航下，孩子的人生是不会偏航的。

三、父母要用阅读、朗读两种形式影响孩子

移动互联网和手机终端的出现，让真正的阅读成为奢侈品，表面上大家都在阅读，其实那种碎片化信息、毒鸡汤、短视频、听书已让人们那颗苍白的心变得更加寡淡，更可怕的是人们不再有"没学习"的危机感，因为自认为已经在手机上学习了，也看了很多哲理性的金句和视频，还能在聊天中说上几句，甚至很有成就感。

唉！我该怎么说呢？当然，这是你的权利，我也不想评价。但说到父母的行为对孩子的影响，我建议你放弃这种自欺欺人式的学习形式，让学习回到原点：阅读和朗读。关于阅读，不需要更多解释，大家都明白，也偶尔会去做；在这里，我希望父母能养成朗读的习惯,并带着孩子一起朗读。朗读有很多好处:提高普通话水平、增大说话音量、增加演讲能力、陶冶情操。这些年,跟着我学演讲的上千位企业家中,很多人都建立了企业内部朗读群和家族内部朗读群,保守估计,我发起的"群内朗读"已经影响了几万人,并且这种影响还在继续扩大。有些书适合于阅读,有些书适合于朗读,在这里,我推荐大家朗读经典,首推《大学》《论语》《孟子》《中庸》《道德经》《庄子》《周易》,当然《格言联璧》、唐诗宋词、现代散文诗都适合于大声朗读。我还将《四书》录制成音频放到公众号里,期待给有缘的人提供精神食粮。

另外,顺便提一下,跟读也是一种非常棒的学习方式,对于锻炼孩子的语言表达能力非常有效。开车时跟着收音机里主持人的节奏读,是一件很有收获的事情。

四、既要结果也把结果交给时间

孩子最终都要走向社会,在职场上,经常听到的一句话是"别说那么多,请给我结果"。是的,纵然你很辛苦,纵然你很委屈,但没有结果,从一定意义上说就是失败,社会是大丛林,自然要遵守丛林法则,弱肉强食,胜者为王,结果至上。要让孩子适应未来的社会节奏,就要从小培养孩子的公平竞争意识。说两个比对的故事,结果一目了然。

故事一:一位成功人士说,他小时候,妈妈买了一些苹果,兄弟俩都想吃最大的那个。妈妈就笑着说:"你们来比赛,我把门前的草坪分成两块,你们俩一人一块,各自负责修剪,谁干得最快最好,谁就能得到最大的苹果。"结果他赢了,得到了妈妈的奖励,得到了最大的苹果,由此他懂得了结果至上,要想成功必须努力。

故事二:一个失败的人士说,小时候,妈妈拿来几个苹果,大小不等。他一眼就看中了那个又红又大的,这时弟弟说了他心里想说的话,结果被妈妈骂了一顿:"好孩子要学会把好东西让给别人,不能总想着自己。"听了妈妈的话,他就灵机一动改口说:"我要那个最小的,把大的留给弟弟。"结果他受到了妈妈的表扬,得到了最大的苹果,由此他懂得了撒谎可以得到好处。直到今天才知道撒谎是要付出惨痛代价的,但为时已晚。

以上文字我谈的是培养孩子对短期结果的理解,教孩子理解结果为王的道理;接下来我将从更长线的角度来谈谈结果。很多时候,不是你努力了就会有结果,生活如此,工作也是如此,教孩子也是如此,在与孩子互动中让孩子理解这些也很重要。

我们在鼓励孩子达成结果的同时,也要学会给孩子空间,一些虎爸虎妈就缺乏这个耐心,一看孩子没结果就急了——我这么热情这么苦口婆心地教你,给你做示范,陪着你,而你却不愿意,不努力,甚至爱答不理,真辜负了我的一片用心。

我本将心向明月,无奈明月照沟渠。我能理解父母们的失落,当然所有的失落和情绪都是智慧的缺失。事实上,教育不仅仅是灌输更是点燃和浸染,需要信心和耐心,不要一次两次就失望,不要三次五次就抱怨,不要十次八次就指责:孩子是你的孩子,他身上的问题一是来自你的遗传,二是来自你的影响，所以孩子的问题大多都是父母的问题，父母没有权利抱怨和指责，我们要给孩子更大的生命空间和更长的成长时间。

还是以跑步为例，有些孩子不喜欢跑步，怎么办？父母可以自己先跑起来，并和孩子分享跑步对自己的好处，再鼓励孩子尝试一下，如果孩子实在不愿意，父母也不要失望、抱怨、批评和指责——而事实上很多父母和孩子的沟通常陷入"失望、抱怨、批评和指责"的恶性循环圈，美好的亲子关系就在一个个恶性循环中慢慢僵化和疏远。

面对孩子的抗拒，父母要打内心深处不失望；因为一旦失望，言行举止必然受到影响，孩子就能敏锐地感知并慢慢疏远父母。怎么办呢？继续身体力行，用持续的行动影响孩子，并伺机鼓励孩子尝试。请记住：永远不要放弃对孩子的建议和鼓励，你放弃了他，他就放弃了世界。事实上，很多时候孩子抗拒的不是你的要求，而是你的情绪和沟通方式，所以父母要时刻觉察自己与孩子沟通的行为偏差。

我相信带着爱、温和、耐心、建议和商量口气的沟通一定能让孩子和你一起跑步，但在时间上，要由短到长；在力度上，要由弱到强。不要一开始就把孩子累坏，让孩子对跑步产生恐惧感。

在运动方面，培养孩子的耐力比爆发力更重要。当然，如果你的孩子还是不愿意跑步，也请不要着急，父母先做好自己，坚持跑步，100天、1 000天，并继续和孩子分享跑步的感受，分享1次、10次、100次，并不断鼓励孩子尝试，3分钟、10分钟、30分钟，把结果交给时间。也要通过这件事让孩子了解父母对结果与时间的态度，了解父母的耐心和信心。

五、注意对孩子的称呼

我看到很多父母亲密地称呼孩子为"宝宝""宝贝""小某某"，这当然是亲与子之间的真情流露。在孩子 3 岁前可以用这样的称呼，3 岁后的孩子就开始变得独立了，我建议少用"宝宝""宝贝"之类的称呼，因为这样的称呼总让孩子有种被庇护的感觉，不利于孩子的成长。也建议少用"小某"或"小某某"，因为"小"是不用担当责任的，长期称呼孩子为"小"，会弱化孩子的担当意识，容易培养出玻璃人和草莓人。

如果你希望孩子是个能独立有责任感的人，请直接称呼他的名字，如果觉得直接称呼名字缺乏温度，就称呼他为"大某某"，让孩子在潜移默化的称呼中变得更有独立性和责任感。我称呼孩子们为"大姐""大凡"；"二姐""大宸"；"三哥""大哲"；"四哥""大轩"。这种简单的称呼能将"大""哥""姐"这些有责任感和担当的概念潜移默化地渗透给他们。

称呼孩子时的语气很重要，我在课堂上常说"一句问候暖人心"，很多人呼唤孩子的语气急促而僵硬，让孩子一听就有压力感，而我在喊孩子名字以及和孩子说话的时候经常带着韵律般的音乐感觉，因为发自真心地爱他们，所以说话的感觉就特别好听，真是"说的比唱的还好听"。

六、亲子沟通三字经

即多商量、少命令，多引导、少否定，多鼓励、少打击。

这三字经的意思一目了然，但说起来容易做起来难，我们来看个熟悉的场景。

孩子问："爸爸，我能看电视吗？"

A爸爸说："不能。"（这是条件反射的语气，每一次的否定和命令都会让孩子更粗暴。）

B爸爸说："能否吃完饭之后再看呢？"（这是商量的语气，每一次的商量都会让孩子更文明。）

C爸爸说："刚才已经看过了，现在又看会不会伤害眼睛呢？"（这是引导的语气，每一次的引导都会让孩子更智慧。）

孩子表现不好时，很多父母会说"你的同学怎样怎样，电视上的孩子怎样怎样，我朋友的孩子怎样怎样"。亲爱的父母，你说的或许是事实，但你口中怎样怎样的孩子也一定会有这样或那样的缺点，而你的孩子也一定会有或这样或那样的优点，说不定其他父母也正在和他的孩子说你的孩子如何如何好，只是你不知道而已。所以，请看到孩子的优点，并真诚大声地告诉孩子，如果看不到孩子的优点，请检查我们的心。

当然，我这样说，并不是让家长忽视孩子的缺点。关于缺点，我建议家长温柔地说出来，"只陈述事实，不发泄情绪；只描述当下，不牵扯过去"，且用能照顾孩子感受的语言说出来。比方说，当你发现孩子的想象力不够时，你可以说"你的想象力需要提升"——陈述事实，但不要说"你的想象力真差"——发泄情绪，也不要说"你的想象力总是这么差"——牵扯过去。

七、给孩子写便条及与孩子正式沟通

父母苦口婆心地耳提面命，孩子却置若罔闻。父母很郁闷，软的硬的都不行，好说歹说也不行，打不得骂不得哄不得，要崩溃了；孩子也很郁闷，天天在耳边唠叨，烦不烦，天天被管着，心已麻木，人也抑郁了。有些孩子因为某件小事而大动干戈，泪流不止，其实并非这件小事，而是他借这件事来发泄长期以来的怨恨，他回想长期以来受到的管束，这也不行那也不行，这也不对那也不对，需要这样需要那样，他越想越委屈，泪水就止不住地往下流。我提两个建议：第一，给孩子写便条，这是一种古老又新颖的交流方式；比方说，我女儿的房间就挂了一块带磁铁的小白板，如果我发现了孩子成长中的问题，我就用钢笔给女儿写一段小纸条，把我观察到的现象写出来，用磁铁吸在墙上，以此提醒她；有一次他忘记铺床了，我就给他写了纸条："亲爱的女儿，今天我又发现你没铺床，但没关系，一个习惯的养成至少需要 21 天，你至少还有 19 次不铺床的机会。"我相信这是温暖又鼓励的提醒。我给女儿写了很多纸条，我建议女儿收藏起来，以后和老爸一起回顾这些温暖的纸条，也算是温故而知新吧。第二，很多父母整天对着孩子念经，像唐僧一样，不分场合地提醒、建议、要求、纠正，这样看似是节约时间，其实是浪费时间，而且还没有任何效果——除了让孩子产生抗体与反感就是让孩子觉得自己不行，不被信任，没有价值感；事实上，一次温和又正式的沟通胜过十次百次的非正式沟通——唠叨。当我们和孩子温和又正式地沟通时，孩子就正视父母的关切了，效率高而且效果好。我和女儿之间常采用喝茶和散步这种温和又正式的方式沟通，我们在不急不躁的环境中交流，效果很好。

八、若财务许可，专业的事交给专业的人去做，尤其是辅导作业

很多家长在和我交流时说："要是不盯着孩子做作业，亲子关系真的很好，作业让我和孩子的关系不断疏远。"有网络段子调侃到"不写作业母慈子孝，一写作业鸡飞狗跳"。如果真是这样，就一定不能再辅导孩子了，哪怕你再专业。要记住：从本质上说，辅导的过程是建立亲子关系的过程，而不是产生失望、抱怨、批评和指责等情绪并破坏亲子关系的过程。相对于外在的技能而言，亲子关系要珍贵数百倍，不要等失去后才追悔莫及。很多家长在辅导孩子某项技能时不知不觉间说了很多伤害孩子的话，这些话犹如一颗颗钉子留在孩子的心中，并逐渐决定孩子与父母的关系，直到孩子长大成人，甚至结婚生子后都无法改变，成为家庭一辈子的痛。所以孟子说"古者易子而教"是很有道理的。

所以，我建议如果财务许可，可以将辅导作业这样的专业工作交给专业的老师去做。举例来说，我女儿和她妈妈的关系一直很好，但最近关系出问题了，我知道病源就出在女儿在家写作业，妈妈在旁边辅导作业这件事情上。现在我们将女儿送到补习班写作业，她的学习效率提高了很多，学习时间也缩短了不少，自然就多出了很多可以自由支配的时间了，关键是她和妈妈的关系也因此而变得更好。

九、自省、复盘和交换秘密

自省是儒家重要的修行功夫，曾子说："吾日三省吾身。"，所以每次和儿子关灯睡觉时，我都问问他："大轩，今天有没

有犯什么错误?"这就是引导孩子自省;当然我也会问:"今天有没有发生什么有趣好玩的事儿?"有时候,我会将某件事拿出来复盘,以便从事件中得到更多的成长,我一边搂着儿子一边自省和复盘,这是最亲密的交流,也容易达到更好的效果。若沟通环境和关系成熟时,甚至还可以和孩子交换秘密,我曾经和女儿说过一个秘密,当时我们都笑得前翻后仰,但女儿耍赖皮,到现在还没和我说她的秘密,算她欠我的。我相信,未来她会告诉我她的小秘密。

十、每个人都有自己的命运,不要为孩子担心焦虑

我相信每个人都是上苍的宠儿,无论你吃苦还是享福,贫穷还是富裕,聪明还是愚钝,美丽还是普通——请相信,这一切都是有原因的,我们能做的就是"努力地改变,平静地接受,而非抱怨和郁闷"。要相信"天行健,君子以自强不息"并为之付出坚实的行动,在努力到无能为力后,如果还不能改变现状,请平静地接受,或许这就是命运。但无论如何也不能抱怨和郁闷——这两种情绪是弱者的思维和行为,除了伤害自己的心身之外,只能让好运永远与自己无缘。

每个人都有自己的命运,孩子也有自己的命运,所以不要为孩子担心太多。孩子的综合状态与遗传因素、家庭环境、社会环境、教育环境等都有很大关系。作为父母,只要做好自己能力范围内该做的事情就可以了。

我相信,中国父母为孩子是不会偷懒和懈怠的;相反我担心,中国父母为孩子透支太多——身体的透支、情感的透支、财务的透支,这些透支都是浓浓的爱;但这些透支的爱会增加

父母对孩子的期待,这些透支的爱会像大山一样压在孩子身上,不利于孩子的健康成长,也不利于亲子关系和孩子长大后与父母的情感。所以,父母请不要把所有的一切都倾注在孩子身上,也不要为孩子担心太多;孩子不是你的全部,你的心有光芒照人的万亩良田,你的手能创造出世界上最红硕的花果,你的口能吐出迷人的芬芳,你的眼能发出柔和的光彩,你的笑容能感染一切,这一切都是有自己生命空间的父母才能绽放的能量,这些能量会时刻照亮和滋养着孩子。所以父母不要为孩子担心太多,只有点亮自己,才能照亮孩子;只有积善行德,才能赋能孩子。

说说我自己吧,我是从农村来到城市的,如今也算在城市立住了脚跟。就目前而言,我和我的家庭虽算不上富裕,但至少吃穿住用都不愁。我女儿上的是学区公立学校,学校在全市排名也不错,我相信以我的资源,完全可以让她上更好的学校甚至是国际学校,但我没有,因为我相信孩子会有孩子的未来,我不必为其设计太多,也不必为其担心太多。

我曾和女儿聊天:"爸爸希望并建议你成为医生,爸爸也会更多地将家庭财富分享给你。给你财富的目的是让你不为五斗米折腰,希望你不收病人的红包,希望你的眼里先有病人而后有领导,希望你不但能关注病人的身体健康,更关注他们的心灵健康,对他们说话温和些、有耐心些……要实现这一点就得好好读书,不管未来的你从哪个医学院毕业,爸爸都为你点赞……当然,如果你实在不喜欢当医生,爸爸也绝对尊重你的人生志向和职业选择,因为爸爸能接受你的任何人生状态,所有的一切都是最合理的安排和结果。"

十一、孩子要成功就得拼爹妈

"拼爹"是个现代词语，但事实上，古今中外，所有成功的孩子其爹妈的作用都至关重要，这不就是拼爹妈吗？拼爹妈遗传给自己的德商、智商、情商、胆商、逆商、艺商以及心灵的纯度，如果说这些遗传是客观的，那么孩子在成长过程中依然在拼爹妈，拼爹妈的财力、物力，这似乎也是客观的，看到这里，部分父母就泄气了，因为他们发现自己什么都没有。

而事实上，只要你愿意有，你随时都可以有——那就是学习。只要父母愿意学习，愿意觉醒，慢慢地就能成为一个让孩子可以拼的爹妈，但遗憾的是，人似乎都被马太效应主宰，越无知的人越不想学习，越贫穷的人越不想学习，越有智慧、越富有的人越想学习。

川流无序的人群，其实很有序，钱永远掌握在一拨爱学习的人手里。这拨人的数量或许只有一亿，或许更低，正是这些人消费了市面上 80% 的书籍和课程，他们学习更多的知识和智慧就能赚更多的钱，拥有财富的他们又有足够的能力来学习，所以智慧和财富永远掌握在这拨人和他们的家庭手上。而另一拨人则永远在娱乐，翻着花样娱乐，娱乐至死还娱乐，永无止境。从一定意义上说，江山易改禀性难移，除非有巨大的因缘，否则大多数人都很难改变，只能跟随时空的变化不停地遇到该遇到的人，并一起演绎着各自与群体的悲欢离合。

从本质上讲，拼爹拼妈不是拼外在的财富和物质条件，而是拼爹妈的觉醒力。我和弟弟目前混得还算小有成绩，这就是源于我父母的觉醒,如果不是他们的觉醒,绝没有我们兄弟的今天。在这一点上,我的父母是战略家、投资家,是有智慧的。

十二、好习惯 = 方便操作 + 榜样引导 + 环境熏染

很多父母抱怨孩子的习惯不好,其实没有人凭空就能养出好习惯,毕竟人的禀性是很难改变的,而人的禀性中最大的一个劣根性就是"懒",最大的懒包括两点:第一,身体懒得动,研究表明白上厕所不拉窗帘、随地吐痰、乱丢垃圾、不修边幅、不走人行横道等不文明的现象,深究其原因就一个字——懒,相近的表述方式就是怕麻烦,因为怕麻烦所以随便丢,随便吐,随便穿,随便上厕所。事实上,怕麻烦引发的人生百态还远远不止这些;人们怕麻烦就不做饭了,于是送外卖的出现了;人们怕麻烦不想洗衣服,于是洗衣机出现了;当一切都自动化了,人们依然怕麻烦,于是家政服务出现了。当然这是"怕麻烦"推动的社会进步,但怕麻烦或懒也确实是人类禀性中的巨大劣根性,我现在终于理解脖子上套大饼的人为什么饿死了。

明白这个道理之后,家长要本着方便孩子的原则来刺激孩子完成目标,比方说给孩子买深色的防皱的衣服,任何用品都以好打点为第一原则,而不要一味抱怨孩子无法打点生活。我女儿与我有四个约定:起、睡、运动、朗读,每完成一个,在当日的小格子里打钩,未完成的则打叉。为了防止她因为不方便而执行不到位,我特意将表格贴在灯的开关下面,但我发现她依然还常常忘记执行,于是我又将表格贴到灯的开关上,让表格纸完全盖住开关,她开关灯时必然会碰到纸。我还把笔放在下面,她抓起来就能用。这样,问题就解决了。所以很多时

候不要消极地指责孩子态度不好,而要想想我能否更好地设计,以便让孩子更方便地完成某件事。第二,脑子懒得思考,思考不但是智力活还是体力活,所以更多人崇尚拿来主义,各类丰富又寡淡的小视频极大地满足了人类懒得思考的劣根性,这些互联网产品对于孩子来说是巨大的伤害,长期看小视频和在互联网上寻找答案的孩子将严重缺乏思考能力,父母要高度重视。

另外,父母还要给孩子做好榜样的引导(这是本书一再强调的重点),并努力营造一个好的家庭环境。当然,我也知道,很多时候家庭环境并非那么容易就能营造出来,甚至由于某些结构性矛盾导致很难营造出良好的家庭教育环境,这就需要家长带孩子到社会上寻找合适的成长环境,只要父母们能积极地走出去,就一定能遇到一群志同道合的父母和孩子。当然这也得看运气。因为时下中国大多数的教育培训都功利性很强,这样的学习环境也未必能对孩子起到多大作用。

十三、注意自己的身心健康

心力交瘁和亚健康是今人的常见状态。心是身的主宰,当身体出问题时,心情一定会很糟糕。很多心灵鸡汤的文章都在劝人放下,与自己和解,这也很好,但当我们将更多精力专注于心态调整却没有结果时,我们是否发现身体的健康状态同时需要调整?比方说,发火和郁闷都容易伤肝,肝火旺盛反过来又影响情绪,容易发火,尤其当女性到了四十岁左右、男性到了五十岁左右,就会进入更年期的前奏阶段,建议通过中医药对身体进行综合调理。另外,心灵也要得到放松和滋养,过分的工作压力是破坏心灵的毒药,最终得不偿失,所以,找个合适的时间,出去走走,让心灵去旅行也是好办法。家里放置一些有正能量的、洗涤心灵的字画,再放一些轻柔的背景音乐,同时将饮食调节得清淡一些,通过这些来滋养身心。

十四、"才"一个就好,"智"多多益善,"德"止于至善

我从不鼓励孩子学习很多才艺,"才"一个就好,但要把自己选定的才艺练成绝活,不要什么都懂,什么都不精,三脚猫功夫在未来是没有竞争力的;同时,语数外的提优培训必须要加强,在中国教育体系中,千军万马的独木桥是必须要过的——"智"多多益善。实话实说,今天孩子的"德商"都不大、不高、不远;当然,我这里所说的"德商"不够,不是说孩子人品不行,而是说孩子缺乏更高远宏阔的生命品质和德行。事实上,与其说是孩子缺乏,不如说是父母缺乏,是社会缺乏,仔细思量,这是全民的悲哀。

记者曾采访一牧民,问他为什么要放羊,牧民说为了赚钱,再问为何赚钱,回答娶老婆,再问为何娶老婆,回答生孩子,再问为何生孩子,回答放羊。人们把这个问答当笑话传播,但这何尝不是当今社会百分之九十九的回答呢?只是把放羊变成了做公务员、做老板这些华丽的外衣而已。

"孩子,要好好读书,考大学,不要像我一样种田种地。"这是20世纪50年代的父母对20世纪七八十年代出生的我们的教育台词。当然,很感谢父母的教诲,让我们从农村走到城市。那么如今的我们该怎样教育"00后""10后"甚至"20后"呢?难道要告诉孩子"要好好读书,考大学,住别墅,开豪车"

吗？恕我直言，大多数父母教育孩子的潜台词还真是这些。当然，这样的教育也没错，但没错并不代表正确。

请父母扪心自问，你告诉过孩子要"为中华之崛起而读书"吗？请父母扪心自问，你认真地告诉过孩子要"天下兴亡，匹夫有责"吗？请父母扪心自问，你真的认真地告诉过孩子"少年智则国智，少年强则国强"吗？

作为父亲，我扪心自问，我做到了。我无数次告诉我的孩子，我希望你做个对社会有价值的人，有贡献的人，而不是社会的索取者、寄生虫和负能量的帮凶。作为父亲，我无数次告诉我的孩子，我希望你能"走大学之道"，我希望你能"明明德"，我希望你能"亲民"，我希望你能"爱物"，我希望你能好好学习，擦亮自己的良知，做个走正道的、堂堂正正的人。做个自由的人，去做自己想做的事，去勇敢地追求自己的梦想，但要知道，真正的自由是一颗活泼泼的心、独立思考的心、慈悲的心、光明的心、勇敢的心、有担当的心，而非自私的、懒惰的、由着欲望而泛滥的心。

十五、了解孩子对钱的态度

钱是人类活动中最重要的东西，从对钱的态度上就能极大地看出一个人的现在和未来。从小我们要培养孩子的金钱观，"君子爱财取之有道"的古训是老少皆宜的金钱观，所以，父母要合理地给孩子金钱，也要让孩子合理地获得金钱，对未成年人来说，金钱更多的是指零花钱。毫无疑问，让孩子获得零花钱的最佳方式就是劳动，学习也是劳动。劳动应该包括劳动的过程和劳动的结果，很多家长只是从劳动的结果层面奖励孩子，当然这是最简单直接的方式，如果能关注过程，那么将能更全面地协助孩子理解劳动与金钱的关系。

父母不但要关注孩子赢得零花钱，也要关注孩子如何花这些钱。事实上，今天很多孩子甚至会有一笔巨额零花钱，怎么花这些钱能体现出孩子的价值观。总体而言，钱可以朝三个方向花：第一个方向是为自己花；第二个方向是为朋友和家人花；第三个方向是为社会花。

第三课

经营家庭

从原始意义上来说，家有两个重要的作用：第一是为个体提供安全感，包括心灵和身体的安全感；第二是为了人类的大繁衍。所以由个体组合成家庭是一种求生的本能，也是漫长人类演进中的必然。家庭成员的组合应该是1+1＞2的逻辑，但很多失败的家庭则是1+1＜2，甚至等于0，乃至是负数，所有家庭成员都饱受物质的痛苦和精神的煎熬，这是令人心痛的社会现象。

很多家庭，从外表上看光鲜亮丽，但走近一看，伤痕累累。我不禁要问："这是人们当时组建家庭的初心吗？这样的家庭到底何去何从呢？"

前面我花了很多文字写了父母与孩子如何相处——也是本书的核心——但任何问题的发生都不是单个问题本身，而是有着很深刻的关联因素，比方说夫妻关系、妯娌关系、兄弟关系、婆媳关系乃至亲戚关系都直接影响家的氛围，进而影响孩子的教育。

第一章　　相遇是一场缘分

随着年龄的增长,我越来越相信缘分。当然这并不是说,不努力而随波逐流地活着,而是要更清晰地看到人与人之间的关系,这样才能更加珍惜来之不易的家庭关系。

前世五百次的回眸,才换来今生的擦肩而过,这些词句已经变成人们的口头禅,但并未真正让人珍惜缘分。我对缘分的理解和朦胧的记忆可追溯到小时候看的一部电视连续剧《新白娘子传奇》,许仙前世救了一条小白蛇,才有了今生的相遇、爱情和家庭,这是一场善缘却又是悲喜交加的命运,无论怎样,这部电视剧让我更相信缘分。

岁月蜕尽了这部电视剧的故事情节,留给我的教导是:珍惜身边一切缘分,善待每个和你相遇的人、事、物,这些体悟,无疑是让我受益终身。

我想,每个人的生命中都会遇到或惊天动地或波澜不惊的缘分,缘来缘散,我们身处其中,是收获生命的养分——感恩、珍惜、付出,还是收获生命的毒药——抱怨、愤怒、倾轧?

浙江温州一个生产皮鞋的学生很兴奋地对我说:"马老师,在遇到您以前,我经常去KTV,从不学习,也听不进去任何人的话,当了几十年老板,一人说了算;听了您的课以后,我不去KTV了,每天都要大声朗读。"其实我只是正常上课,并未对他特别说些什么,这或许就是我和他之间的缘分吧。关于缘分,我曾写过几个观点——

缘分很奇妙,你并不是什么大腕明星,你说的话也并不是什么至理名言，但总能走进我的心田，我就爱听你说话。

缘分很奇妙，两个有缘人总能找出很多相似之处，到底是有缘才有那么多相似之处，还是人们主动寻找那么多相似之处来证明有缘呢？

缘分很奇妙，越长大越相信它，当你真的相信缘分时，就意味着你慢慢走向成熟。

缘分很奇妙，除非从更遥远的时空来看它，否则很难解释。无论是善缘，还是恶缘都是人生的一部分，努力修炼自己，随遇而安。

缘分有深有浅，家庭成员之间的缘分当然是很深的，需要深刻认知和用心经营，让我们带着这份诚意去阅读下面的章节吧。

第二章　　家庭成员间的相处原则

人是所有社会关系的总和，而家庭关系是社会关系的核心，是一种强关系。但由于家庭成员之间有着很大的代沟差异、地域差异、深度利益关联和长期的情感纠葛，导致每个家庭都有一本难念的经。由于这种特殊的强关系，家庭成员间的相处是非常复杂的。我见过很多在外面混得风生水起的成功人士，家庭关系都处理得一塌糊涂，上与父母、中与伴侣兄弟姐妹、下与孩子、外与亲戚，都有着或多或少或深或浅的心痛。

正所谓清官难断家务事，家庭的事情太琐碎太复杂，我从"接受现状，努力经营；修炼自我，莫管对方；各自忙活，各居其所；和而不同，理解尊重"的角度来分享。

一、接受现状，努力经营

如果只是说"接受现状"，那就是消极的家庭经营思维，这是不对的。我的意思是在接受现状的前提和底线下努力经营。其实无论是与伴侣的关系，与父母的关系，还是与兄弟姐妹的关系都非一日形成，都是复杂迷离的，只有在接受现状的前提下，才能有足够的耐心去经营，就算经营失败，也不至于灰心丧气，还有一个能退回现状的底线。

"接受现状"能让你对家庭成员和自己有着最低的期待，没有期待就没有失望，没有失望就没有怨恨。事实上，接受现状是一切奋进的起点，很多人设立高远的目标，一旦跌下来，连再启动的信心都没有了。孩子的学习如此，家庭的经营如此，事业的发展亦是如此。

在"接受现状"的基础上努力经营，但不要刻意设立目标。很多夫妻下决心共同努力把家庭经营得更好，于是设立了很多目标，但人算不如天算，到年底了，有些家庭目标没有完成。于是妻子抱怨丈夫说话不算数，孩子抱怨父母没诚信，这些标签在岁月的流水中不断浸泡、发霉、发臭，家庭关系也慢慢变得一塌糊涂。所以我常说家庭不同于企业，企业必须要有目标，但家庭不能设置目标，只有接受现状，各自努力经营，或许才能获得一个好的家庭关系。

二、修炼自我、莫管对方

有自我的人就有控制欲望，自我感越强的人控制欲望就越强。关于修炼自我，在第一章中已详细描述，这又回到了本书的核心思想，那就是所有家庭关系的处理都以自我改变为核心——放下自我，放下那个自私的自我、固执的自我、身份的自我、角色的自我、自以为无所不知却又一无所知的无知的自我。只有把自我放下并重新审视自己和家庭成员间的关系，才有可能经营好家庭。正如托尔斯泰所说："幸福的家庭都是相似的，不幸的家庭各有各的不幸。"但控制对方或许是不幸家庭的共同病因。事实上，任何关系都不能控制，包括人与自然的关系，这一点上，禹和其父亲鲧的治水传说应该成为我们中国人最经典的警醒。只有真正地放下自我，回归到人的层面，才能和对方处理好关系，否则都是冷冰冰的角色与角色的碰撞，身份与身份的对立。

夫妻双方中的一方想改变关系，于是在日常的言行中开始让步、宽容、体贴，但另一方没有给予正面的反馈，甚至无动于衷，我行我素，这样改变的一方就敏锐感觉到自己的付出未得到回报，甚至还情绪化地觉得对方没良心、不可救药、麻木不仁、日子没法过了，于是自己也不想改变了，随即也恢复冷漠甚至变本加厉。另一方突然觉得怪怪的，前几天还挺好的，怎么现在突然变成这个样子，于是觉得对方情绪化、反复无常、小肚鸡肠，夫妻关系进入新一轮的恶性循环。

事实上，我一直强调，人只有自己发自内心地想改变并享受改变，才能感觉到改变给自己带来的喜悦。发自内心地爱当下的自己，欣喜地面对即将到来的每分每秒，而与别人没有任何关系，我只属于我自己，我改变也仅仅是我想改变，我想通过改变遇到一个更新更好的自己，与他人无关，也不是要为了给谁看，只有到这种状态时才有可能影响到别人——孩子、伴侣、父母、兄弟，等等。

请记住：只有自己发自真心地改变，才有可能影响别人去改变，至于别人改不改变，不是你关注的，你只关注自己的改变即可。当我决定改变时，我一口气写了50个要改掉的层面，如果要与工作和生活细细相连，得写到几百条，我突然发现，我根本没时间去管别人，管自己还来不及呢。

当然，如果你觉得一个人改变很孤独，那么就积极寻找并加入理性向上的正能量群体中，正所谓"德不孤，必有邻"，要相信，在你的家庭之外一定有很多彼此陌生却又很熟悉的人，他们正在一起积极地改变自己，充实自己。与这群人相处，你就不会孤独。但遗憾的是，从数量上看，我们只看到10%

觉醒的妈妈和1%觉醒的爸爸，90%的妈妈们依然忙于家务、美容、工作，而从未想过给自己的大脑和心灵充电学习，99%的爸爸们却固执地认为这类书和课程都是给妈妈学习的，他们的职责是驰骋商场，干更大的事业。这种认知很可怕，其结果会直接影响家庭关系和孩子的教育，难怪有人说中国家庭教育的现状是"缺席的父亲，焦虑的母亲，失控的孩子"。

一个巴掌拍不响，夫妻有矛盾，一定是双方的原因，不可能只责怪某个人。虽然女人易情绪化，爱为一些鸡毛蒜皮的事儿没完没了，但我认为中国家庭矛盾大多数还是由丈夫引起的，因为在大多数家庭中，丈夫是经济价值的直接创造者。事实上，在家庭中谁赚钱谁就拥有一定的强势地位，另一方或多或少地沦为附庸的角色。同样，如果家庭中的经济来源由妻子创造，那么丈夫也或多或少地沦为附庸的角色。

这些都是愚昧的认知和价值判断，对于觉醒的夫妻来说，一定会认为是缘分让双方走到一起，每个人都在用各自的方式和价值来创造这个家。从能量场的角度来说，我要提醒那些自认为能赚钱的丈夫，你在商业上的成功，与你的伴侣是不可分的，即使她是糟糠之妻，即使她未能给你带去任何商业上的帮助，但她的存在就能给你带来好运的气场，有人说这叫"旺夫"；这样的观点也适合于职场女强人，你要感恩那个在背后默默奉献的男人，在偏见的世俗价值判断中，这样的男人很不容易，所以别整天抱怨"一朵鲜花插到牛粪上"。事实上，夫妻双方只是在同一个屋檐下，用各自的方式完善自己的生命——修炼自我，如果能这样，哪里会来那么多的矛盾和争吵呢？

回到本段标题"修炼自我、莫管对方",事实上,不管对方才能管对方,想管对方却永远也管不了对方,这也是老子《道德经》里强调的"无为而无不为""长而不宰""为而不争"的核心智慧。

三、各自忙活,各居其所

很多家庭矛盾,无论是小夫妻的矛盾、老夫妻的矛盾、儿女与父母的矛盾、媳妇与公婆的矛盾、女婿与岳父岳母的矛盾,这些核心的矛盾很多都源于一个字——闲。也就是老百姓骂人的话,"吃饱了撑的没事干"。所以,矛盾就产生于想管和不想被管之间。

事实上,很多三代同堂,五口或六口之家的矛盾制造者往往是那些闲着没事干的爷爷和岳父,他们的身上还传承着男子为大的大男子汉主义,于是老伴和孩子就成了他们指挥或唠叨的对象,家庭矛盾就慢慢产生,而很多家庭中的奶奶或岳母大多在忙活家务中过得很充实。

妻子由于照顾孩子的学习和生活,常处于两个极端:当孩子在家时,忙得风风火火;当孩子在学校时,又闲得百无聊赖,甚至出现了抑郁倾向。丈夫回到家,发现妻子不开心,觉得奇怪,我每天在外面这么打拼,你每天就是接送孩子搞搞家务,还摆个臭脸,矛盾往往就在这样的单边思考中产生了。

怎么办?让每个人都找到自己喜欢的事去做,让自己忙碌起来,就没时间搞矛盾了。实在没事做,学习就是最好的事。这里有一个很大的误区,人们总认为学习是功利的,其实学习本身就是意义,就是一件大事,与吃饭睡觉一样重要。让学习成为家庭中一件重要的事情，让自己在学习中忙起来，矛盾自然就少了，家自然就和谐了。

很多人都说工作太忙、太累，但从另外一个角度来说，如果你连续两三个月不工作会怎样呢？我相信很多人都会疯掉，而且很多不良习惯也在这样的空档期乘虚而入，甚至赌博、吸毒、游戏还会不请自来。所以对于大多数人来说，工作是奖赏而非惩罚。

古人把"福"分成洪福和清福，大多数人只能享洪福，所以有个成语叫洪福齐天，只有极少数有境界、精神极度充盈的人才能享清福，所以人千万别想着享清福，说白了境界没到，没能力享清福。所以要想家庭幸福，最好让每个人都能拥有一份自己能做的、喜欢做的事情，每个人都把时间花在有意义的事情上，就没时间搞矛盾了。

另外，我在前面也讲过，三代同堂于今天而言，确实存在很大的挑战。三代同堂其乐融融当然是传统之美，值得宣扬，但如果由于各种原因而产生了老一代与新一代之间的种种矛盾，绝对不能简单粗暴地进行道德谴责，包括夫妻之间的感情也不能简单粗暴地进行道德绑架。

如今很多老夫妻、小夫妻和小小孩之间形成了剪不断理还乱的家庭状况，怎么办？给双方留一些空间——生命空间——让生命喘息的空间，把结果留给时间来裁决，或许是很好的做法。也就是说，如果有可能的话，可以考虑一代老夫妻和二代新夫妻分居而居，各居其所，用"多相念代替少相见，或用常相见代替长相见"。这或许能有效解决代沟的问题。若二代新夫妻出现情感问题，也可以考虑分居——分房而居或分屋而居，千万不要天天在一起死掐，任何情感都经不起这样的折腾。各居其所或许也能从另一个角度来论证距离产生美。

四、和而不同，理解尊重

在恋爱自由化和人口城市化的大趋势下，越来越多不同地域不同风俗不同文化背景的人组合成新家庭，矛盾也变得空前巨大。吃饭口味、穿衣习惯、相处风格都迥然不同，所以从一定意义上说，今天的家庭矛盾是很难调和的，或许遵照孔夫子"和而不同"的教诲是最佳相处之道。

无论是南方人、北方人、东边人、西边人还是外国人，只要结合在一起，就要维护家的和谐，这应该是无可争议的价值观。但和谐并不意味着相同，相反，真正的和谐恰恰意味着可以接受各方不同观点和行为，而不是整齐划一的标准，这就是"理解尊重"。

判断一个人的境界往往就看其底线标准，底线越宽容的人往往越有生命的智慧，越有控制感的人往往越狭隘。比方说爱情，有人爱的是对方这个人，有人爱的是对方的财色和学历，很显然前者的底线很宽，是真正的爱情，后者的底线变高了，爱情的纯度也就降低了。

家庭生活则更需要理解，就算不理解，也要尊重。多少家庭矛盾都源于鸡毛蒜皮的小事而越积越深，吃咸的不理解吃淡的，吃淡的不理解吃咸的，吃辣的不理解吃酸的，吃酸的不理解吃辣的，两代人的沟通鸿沟越来越大，但彼此却以爱的名义来干涉对方。

年轻人说吃咸的、吃剩的、抽烟、喝酒会增加各类疾病风险，但年轻人却不知道，老年人几十年的生活习惯是很难改变的。他们也无法体会父母的孤独，平时孩子也很少陪伴，更谈不上称心地陪伴，烟酒就成了父母的朋友，要是再把这个朋友也戒了，不是很残忍吗？而且父母的身体对各类生活习惯早已适应，再说了，人的寿命在一定意义上说也不是刻意经营出来的。当然我这样说并不是鼓励老人吃咸的、吃剩的，更不是鼓励老人抽烟、喝酒，而是希望年轻人能更理解老人并最大化地尊重和顺从老人，孝顺的本意，不仅在孝，也在顺。

老年人说要早睡早起吃早餐，花钱要节约，要夫妻和睦，但老年人不知道年轻的孩子所承受的工作压力，他们能早睡吗？不能早睡能早起吗？能按时吃早餐吗？老人们总是说他们当年所遭的苦，但那个年代的苦，更多的是皮肉之苦，今天的苦却是心里的苦，很多年轻人上有老下有小，夫妻情感还不好，奴性十足，心力交瘁，其苦之深，绝不亚于父辈。

所以，要想获得幸福的家庭，必须减少成员间的内耗和控制，能尊重并接受彼此的不同，和谐相处。无论怎样我从未见过一个整天争吵的家庭是兴旺的。

第三章　　家的兴旺与传承

这些年，我见证过各类家庭，有物质贫瘠的家庭，有普通工薪阶层的家庭，还有很多富有的家庭，我认真聆听无数个家庭的故事，总结出家庭兴衰的五大因素：第一，夫妻吵闹家不兴；第二，孝顺父母家业兴；第三，兄弟团结家业兴；第四，积善行德家业兴；第五，儿孙读书家业传。分别阐述如下：

一、夫妻吵闹家不兴

我本来要将本段标题写成"夫妻和睦家业兴"，仔细想想还是改成"夫妻吵闹家不兴"，一来这些年我很少见到真正和睦的夫妻：要么是暴力；要么是冷暴力；要么是介于暴力与冷暴力之间；要么是经常性暴力、冷暴力间歇性和睦；要么只是表面和睦；总之很难见到真正和睦的夫妻。二来就算真的是夫妻和睦，也未必就能在事业上取得巨大成功。但我却见过太多的夫妻吵架而导致家庭支离破碎甚至家破人亡的案例。

在暴力和冷暴力之间，暴力会瞬间摧毁家庭——离婚，有些离婚会导致双方元气大损并逐渐让离异后的双方进入麻木状态，行尸走肉地活着；有些离婚则直接将当事人推入崩溃的深渊，并导致当事人的心灵扭曲，甚至自杀身亡。相比较而言，冷暴力会慢慢毁坏家庭，毁到一定程度之后也就这样了，因为再坏也坏不到哪儿去了，夫妻双方已经麻木了，家成了一个名存实亡的概念，于是选择继续、分居或等孩子成人后再离婚。冷暴力相对于暴力而言，破坏性要小一些，现在的很多家庭确实处于这种状态。希望这段文字能引起年轻夫妻的注意，你们的行为直接决定自身和家的未来，我相信，读者朋友们也能从身边找到很多对号入座的夫妻和家庭，并从他们身上找到教训和启示。

二、孝顺父母家业兴

给父母提供最大化的吃穿住用行，其中最难的就是住，因为住不仅仅是物质的供养，更是每天的相处——人生最难的就是每天的相处。当然对于孝顺父母的人来说，最幸福的也莫过于每天的相处。我发现一个现象，但凡和老父老母住在一起的家庭都特别兴旺，或者说老父老母喜欢在哪个子女家住，那个子女的家庭兴旺概率会增大。举例来说：有一次在课堂上，山东的一位学员在台上分享她的母亲时，数度哽咽，她非常想念母亲，她说母亲一直和她住在一起，去年去世的，虽然九十多岁了，但她依然无法接受母亲去世的事实，想想就掉眼泪，尽管她本人已是一位六十多岁，年产值将近百亿元的女企业家。

我听过很多这样感人的家庭兴旺的故事。当然如果你没有和父母住一起也完全正常，无可厚非，更与道德无关，但如果你一直和父母住在一起，服侍父母、孝顺父母，那么恭喜你，你的家族兴旺概率会更大。

关于孝顺父母这一话题，我还要做如下提醒：年轻的夫妻不要嫉妒丈夫对他自己的父母好，也不要嫉妒妻子对他自己的父母好，这都是人之常情；虽然我们倡导要用同等的爱来对待双方的父母亲，但由于风俗习惯和心理情感等因素，每个人都更亲近自己的父母，所以年轻的丈夫要能接受妻子更爱她的父母——岳父岳母，年轻的妻子也要能接受丈夫更爱他的父母——公公婆婆；不要争风吃醋，不要将双方的父母拿出来比谁更重要，也不要将自己与父母拿出来比谁更重要。我提及的这些问题点，都是现实生活中导致家庭矛盾的重要来源，不可回避。

孝顺父母是一种传承，年轻的父母孝顺自己的父母也在无形中给孩子做了榜样，从这个意识上说，爱父母就是爱未来的自己。从小，我就看到父母对奶奶的孝顺并从中耳濡目染，长大后，我对父母也还算孝顺，我相信我的孩子也会受我的影响，在未来传承孝道。

我相信每个人都有自己的孝心，这是人之为人的根本，就算无知暂时遮蔽了孝心，每个人的孝心也都是存在的。但表现在形式上就天壤之别了，最主要的差别在于"顺"字，所以年轻人一旦当了父母，有了力量，掌了家的权力，就容易变成独裁者，不但不顺孩子，也不顺父母，甚至还想处处掌控孩子和父母。此处再提一下"顺"字，这是一个智慧的字眼，能做到"顺"字就是大智慧。

三、兄弟团结家业兴

古话说，兄弟同心其利断金，当然，我们也看过很多兄弟不团结，也能各自发展的案例；但总体而言，兄弟团结能让家族更旺盛。在这方面，我的父亲对我和弟弟的教育可谓用心良苦：从小到大，父亲就用筷子给我们做类比教育，强调两兄弟要团结，要不分你我。我们两兄弟也确实做到了。毫不夸张地说，团结是我们家庭的基因，由我父亲创造，由我们两兄弟践行，我们还要将团结的家风传承下去，举一个小例子，我的两个孩子称呼我弟弟为"小爸"而不是叔叔，我弟弟的两个孩子称呼我为"大爸"而不是大伯，这种特殊又温暖的称呼不但利于我们两兄弟之间的团结，更利于四个孩子之间的团结，所以我在本书开头说我有四个孩子，就是这个原因，我们在内心深处确实将彼此的孩子当自己的亲生孩子来对待。

四、积善行德家业兴

古话说："积善之家，必有余庆。"无论你接受任何教育，都请相信这句话是永不过时的古训。从一定意义上说，我之所以热衷于慈善和公益，或许在潜意识里就受这句话的影响，并深深相信好人有好报。既然相信，就起而行之，既然相信，就立刻起而行之。人都是趋利避害的，但有的人能看一个月的利害，有的人能看一年的利害，有的人能看一辈子的利害……毫无疑问，积善行德会收获"大利"，只是这个利的回报周期太长，以至于很多无知浮躁的人不愿意在慈善和公益上投资，因为他们根本等不及。

五、儿孙读书家业传

中国人最讲究家的传承，香火的延续。对于普通家庭来说，现实的无力感，让很多人已不去想若干代的传承问题，但富裕的家庭大多都想了很多方法让家和业传承下去，于是各类资产配置业务，甚至是移民业务，都非常火爆，可见人们对财富和家的传承多么热衷。而事实上，天有不测风云，人算不如天算，在人算中，最有可能传承家业的是诗书传家，为什么？一来读书能明理，二来读书有功名，所以读书更有可能传承家业。另外，坊间也盛传一句古训"富不过三代"，传归传，但人们对这句话还是持半信半疑的心态。所以人们一面相信诗书传家而拼命地给孩子读书，以期富过三代；一面又相信富不过三代，既然如此，还不如拼命享受——今朝有酒今朝醉。

万恶根源在钱财，人和人之间的大多数矛盾都是由钱财引起的，夫妻之间为钱吵架，兄弟之间为钱打架，父子之间为钱闹僵，朋友之间为钱绝交。当然每个人都可以拥有自己对财富的态度并按照自己的逻辑去追求财富，但其中滋味儿也只有自己能理解。我个人的财富态度深受《道德经》和林则徐先生的影响，《道德经》中提到"多藏必厚亡"，林则徐说："子孙若如我，留钱做什么？贤而多财，财损其志；子孙不如我，留钱做什么？愚而多财，益增其过。"传统文化所说的"德不配位，必有灾殃"也在时刻影响着我的财富态度，让我战战兢兢，让我时刻反思我的德是否配我的财和位，并让我不断精进自己的心灵品质和人格纯度。

当然也有人用"钱财乃身外之物，生不带来，死不带去"的观点与自己对话，这也很好。总之，人要获得幸福，家要获得和谐，家庭成员就要完成对财富的超越，就算不能超越，至少也不能成为财富的奴隶。

第四课

绽放生命

有一首歌叫《怒放的生命》,歌词是这样写的:"曾经多少次跌倒在路上,曾经多少次折断过翅膀,如今我已不再感到彷徨,我想超越这平凡的生活,我想要怒放的生命,就像飞翔在辽阔的天空,就像穿行在无边的旷野,拥有挣脱一切的力量。曾经多少次失去了方向,曾经多少次扑灭了梦想,如今我已不再感到迷茫,我要我的生命得到解放,我想要怒放的生命,就像飞翔在辽阔的天空,就像穿行在无边的旷野,拥有挣脱一切的力量……"这是一首载道的歌词,词作者从形而上的角度来阐述生命的意义,从一定程度上体现出我要阐述的绽放生命。

第一章　　绽放生命的六个阶梯

《中庸》中提到："天命之谓性，率性之谓道，修道之谓教。"生而为人是上天莫大的恩赐，每个人都要绽放出生命的风采，以至于抵达率性而为的最高境界，并去教化自己、孩子和更多人。我在本书开头就在讲这个话题，此处算是首尾呼应，人只有绽放出生命的色彩，才能吸引并影响他人。测试一个人有没有魅力，就看他到底是要求着别人还是吸引着别人，就看他到底是让别人停下来还是让别人留下来，很显然后者更有魅力。

一想到绽放，很多人就想到妆容画得美美的，衣服穿得帅帅的，踏遍青山人未老，风景这边独好，这只是外在的绽放，接下来我从六个维度来阐述内外兼修的生命绽放。

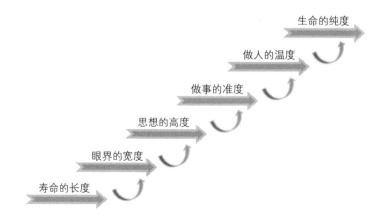

一、寿命的长度

尽管我相信很多东西都是上天注定的,但我相信人能在一定程度上改写上天的安排。从这个意义上说我是有宿命观的,但我不是宿命主义者。我相信寿命的长度是由上天决定的,但人们完全可以通过心态、饮食、运动、睡眠、医疗等手段来综合干预人的寿命长度。

如今流行一个词叫"大数据",大数据显示,长期心情郁闷、暴饮暴食、不爱运动、睡眠不足的人容易生病且短命,当然四个因素在不同人身上发挥的负面影响力是不一样的。

有人很惊诧地对我说:"我身边某某某每天暴饮暴食、抽烟喝酒、不爱运动还经常熬夜,每天活得没心没肺,但身体挺好。"殊不知,这某某某身体好就好在没心没肺的心态上,而且没心没肺的人基本上都能有个好睡眠,即便只睡五六个小时却也能抵得上很多人八九个小时的低质量睡眠。所以人们只看到某某某的暴饮暴食、抽烟喝酒和不爱运动,却没看到某某某那颗没心没肺的心态和高质量的睡眠,事实上这两项足以抵消暴饮暴食和不运动带来的负面效果,这就不足为怪了。很多人只看到事物的一个面,却忽略了另外几个面,这无疑是盲人摸象。

又有人很惊诧地和我聊:"身边某某某每天笑眯眯,饮食合理,注重运动,早睡早起,定期体检,却得了绝症。"于是断定人的寿命天注定,不要太关注所谓的养生。事实上,这里的误区也很大,人们只看到某某某每天笑眯眯、饮食合理、注重运动、早睡早起、定期体检这些合理的部分,但可能看不到某某某笑眯眯的背后却隐藏抑郁的、疑神疑鬼、小心翼翼、贪生怕死的心，于是在表象上越是饮食合理、注重运动、早睡早起、定期体检就越说明某某某的心态之沉重，而且这样的心态必然引起低品质的睡眠，所以某某某得了绝症也不足为怪。

我刚才只是通过两个极端的案例来分析人的寿命与相关因素的关系，同时还刻意略去了遗传因素的影响，说不定前一个某某某就有很好的身体底子和高寿基因，后一个某某某只是一般的身体底子和患病基因。我用这两个比对案例只是想说明，不要被极端案例吸引，要相信大数据。

在《颜氏家训》中，颜之推老先生就提醒他的儿孙们如何养生及如何看待生死，我摘抄如下："夫养生者，先须虑祸，全身保性，有此生然后养之，勿徒养其无生也。单豹养于内而丧外，张毅养于外而丧内，前贤所戒也。""夫生不可不惜，不可苟惜。涉险畏之途，干祸难之事，贪欲以伤生，逸豫而致死，此君子之所惜哉；行诚孝而见贼，履仁义而得罪，丧身以全家，泯躯而济国，君子不咎也。"

接下来我从养生的角度来谈谈如何绽放生命的长度，我并非养生方面的研究者，但我相信大体思路和方向是正确的。

（一）让自己忙起来

忙到没时间去想生老病死的话题，把心放到工作上，让心没时间胡思乱想。日本人之所以长寿就是因为他们倡导终身工作制。当然我所说的忙是指在一个合理的工作强度条件下忙，而不是超负荷工作，那会引起过劳死的。

（二）让自己玩起来

有很多爱打麻将或打纸牌的老年人活得很健康,还有湖边、广场上到处唱歌跳舞的老人,每天都想着玩,就没时间想生老病死的问题。即使是年轻人也要多和朋友一起玩,多向朋友们倾诉,这样的人会更健康。

（三）让自己动起来

生命在于运动,我相信只要适度,运动于人是大有裨益的,但很多所谓极限挑战的运动对人的寿命却是大大减损的,我们很少见到高寿的运动员,就是因为他们曾经的运动强度过大,以至于将身体透支了。有一次我和长寿之乡如皋的一个朋友聊天,他说他们村里的老人们都很勤奋,九十多岁还在地里干活,我想或许他道出了所谓长寿之乡的长寿老人们的长寿秘诀吧——干活、运动。

（四）让自己吃起来

关于饮食,不要疑神疑鬼,大惊小怪。但人们常持两种极端思维,一种极端思维认为什么都能吃,不用管那么多;另一种极端思维认为这不能吃,那不能吃;很显然,任何事情,但凡剑走偏锋,都是有问题的,越成熟的人越觉得中庸之道才是大智慧。

（五）让自己睡下来

早睡早起对于今人来说已是奢侈,但我们依然要安排好时间,早点睡觉,尽量做到晚上十一点之前睡觉。古话说:"子时不睡,医生不治。"意思就是说常常熬夜到晚上十一点之后的人,如此积劳成疾,医生是无能为力的。

（六）让自己懂自己

我见过一些特别怕死的人，一有小病就跑大医院挂专家号，完全把自己交给医生和仪器；我也见过少数从来不体检的人，他们或对自己的身体有信心，或不敢体检；我想这两种人都是极端的。套用孟子的"尽信书不如无书"，也可以说尽信医不如无医，自己的身体还是自己清楚，所以我建议人们应该了解更多关于身体的知识。很多时候，人的疾病就是由于不知不觉的习惯而导致，比方说，长期低头写作业会毁坏眼睛；长期用一边牙齿吃饭不但会让牙齿变坏，还会让脸变得左右不对称；久坐憋尿会对肾脏和泌尿系统都有害；长期喝滚汤和茶对口腔到食道都会产生巨大的伤害；长期烫头发会引起头皮病变……身体是一切的载体，我们必须花些时间来了解身体，就算做不到养护，至少不能因为无知而伤害吧。事实上，除了遗传性因素之外，身体任何部位的病变都是由某些长期的坏习惯所导致的，从身体小问题累积成身体大问题，最后成大病。

总而言之，我们要懂得更多的养生知识，从心态到运动、到按摩、到饮食、到保健品、到气息调理，全方位对待自己的身体。我相信以今天的医疗技术，只要人们不剑走偏锋，一定能绽放出最大化的寿命长度。但人活着的目的是什么呢？如果人们只是在追求最大化的寿命长度，这很可能会变成只是活着——当然这也可以是生命的意义，但我想这绝不是生命的绽放。

二、眼界的宽度

古话说："读万卷书，不如行万里路。"今人又加了一句：

"行万里路,不如老师指路。"确实如此,读书不行路易成书呆子,行路不读书易成邮递员,对于读书行路的人来说,若没有老师指路,容易陷入死胡同。正所谓:"独学而无友,则孤陋而寡闻。"

现在的信息流和交通流比以往任何时代都发达千万倍,只要愿意,我们的眼界就能无限扩大,无论是看书、听书还是读书,无论是飞机、火车还是汽车,我们比以往任何一代人都更能抵达知识和世界的边际。但遗憾的是人们并没有因此而变得开放和智慧,反而变得越来越狭隘,越来越封闭,越来越浮躁。人们只是用手机看一些浅薄寡淡的八卦新闻和口水文章,人们只是坐着飞机从一个熟悉又喧嚣的地方到达另一个陌生又喧嚣的地方,摆几个姿势,拍几张照片,写几段心情,然后发到社交平台,供别人消遣一下,求几个可怜的点赞。试问,这样的信息流和交通流又如何能丰富人们眼界的宽度呢?这个时代真应了狄更斯在《双城记》中所写的:"这是一个最好的时代,这是一个最坏的时代;这是一个智慧的年代,这是一个愚蠢的年代;这是一个光明的季节,这是一个黑暗的季节;这是希望之春,这是失望之冬;人们面前应有尽有,人们面前一无所有;人们正踏上天堂之路,人们正走向地狱之门。"

眼睛是心灵的窗户,眼界的宽度直接决定了思想的高度、做事的准度、做人的温度和生命的纯度。生命的绽放要从拓展眼界的宽度开始,从读书行路、亲师取友开始。

三、思想的高度

有些人看世界只能看到表象,而有些人则能透过现象看本质，一针见血指出问题的要害。当然，思想的高度不是一蹴而就的，而是不断累积的过程，就像孩子写作文，也是从一开始的记叙文慢慢写到议论文。画龙点睛就体现了思想的高度。当然，没有眼界的宽度就无法练就思想的高度，而思想的高度又一定会体现在做事做人上，并通过做事做人的感悟再次提升思想的高度。这些年我写了很多我与自己、我与家人、我与社会、我与未来的人生感悟，也算是对我思想的记录，其实就是偏向于思想层面的日记。我也建议读者朋友常记录自己对生活的感悟，长此以往就能提升思想的高度。

四、做事的准度

在做事方面，首先要学会做正确的事，然后要学会把事做正确。何为正确的事？对社会有价值的事就是正确的事，当然有价值依然可以分类。比方说：矛和盾对社会都有价值，卖出去的矛可以抵御敌人，卖出去的盾也可以抵御敌人，到底卖哪个呢？按照孟夫子的意思是卖盾，因为卖盾的人每时每刻都想着用盾去保护人，而卖矛的人每时每刻都要想着用矛去攻击别人；孟子还说过卖棺材和卖药的类比，我们又该如何选择呢？

人的需求是多方面的，但有些需求是妄念，是贪婪；当然，为了满足人的这些妄念和贪婪而从事的职业也是有社会价值的，但我认为价值感不大。我觉得人要在能力许可的范围内做价值感更大的事情，这一直以来都是我做事的价值观并一直指引着我的职业走向。

我大学毕业后从事销售工作，通过自己的勤奋创造了不错的业绩，但我一直想做老师，觉得把自己知道的东西分享给别人，让别人少走弯路是一件很有意义的事情。

结合自己的专长，我从2006年开始从事培训工作，写了一本《虎口夺单》的销售书籍，做了一名销售培训师，为学生们培训销售技巧。虽然也做得风生水起，我的视频音频和文章点击量也高达数千万人次，但都是浅浅的相遇，而且我讲授的都是一些功利性的术，所以我依然觉得这份事业的价值感不大。

我希望做价值感更大的事情，于是我选择去影响企业家，2011年开始我为企业家群体讲授《舌行天下：总裁演讲》课程，并在他们的支持下从2015开始做慈善与公益。这是两件很有价值感的事情。虽然《舌行天下》课程卖到了七八万元的市场价格，令商业对手望尘莫及，虽然我们帮助了一些贫困地区的家庭和学生，但我依然觉得生命没有得到最大化的绽放。我不希望我的课程变成奢侈品，只供有钱人学习，我不希望我只针对几十人讲课，我希望能向更多人讲课。

我希望每个人都能评估自己的能力和兴趣，并将能力和兴趣结合起来，努力去做对社会最有价值的事情，对生命最有价值的事情——教育、科技、医疗、农业、建设、艺术、交通等有良知的基础性工作，这些质朴的工作对社会的价值都很大，但恰恰是这一批人不被尊重，而一些娱乐明星和模特们却很被追捧，这真是社会的悲哀，就像人们只看到大楼的玻璃幕墙而看不到真正支撑这幢大厦的却是钢筋混凝土。

五、做人的温度

当我们真的去做正确的事情时，就一定是利他的，也一定在利他的过程中滋养本人的生命和心灵，长此以往其人必有温度；就像孟子所说的四种职业，卖盾和行医卖药的人一定比卖矛和卖棺材的人更有温度。我勉强算得上半个读书人，也一直有个梦想，想拥有一个自己的小书房。在朋友们的支持下，六七十平的小书房终于搭建起来了，名之曰"尽心书房"。我在书房很显眼的位置摆了一行字——"聊滋养人心的天地"，言下之意就是提示来这里聊天的朋友，不要聊好玩的知识和信息，也不要聊有趣的见闻，所聊的知识、信息和见闻要体现出滋养人心的价值。我希望人们能在这个小空间里找到温度、体悟和感动。

从现在开始，做一个爱笑的人，做一个温暖的人，就像诗人海子在《面朝大海，春暖花开》中写的那样——

> 从明天起做一个幸福的人。
> 喂马，劈柴，周游世界。
> 从明天起，关心粮食和蔬菜。
> 我有一所房子，面朝大海，春暖花开。
> 从明天起，和每一个亲人通信，
> 告诉他们我的幸福，
> 那幸福的闪电告诉我的，
> 我将告诉每一个人。
> 给每一条河每一座山取一个温暖的名字，
> 陌生人，我也为你祝福，
> 愿你有一个灿烂的前程，
> 愿你有情人终成眷属，

愿你在尘世获得幸福，

我只愿面朝大海，春暖花开。

六、生命的纯度

放下自我，超越自我，战胜不好的习性和禀性，恢复本性，擦亮良知——时时勤拂拭，莫使惹尘埃——此心光明，上述所言，这就是生命的纯度。

第二章　　生命绽放的"3+1循环圈"

　　《周易》认为："天行健,君子以自强不息;地势坤,君子以厚德载物。"这句话讲述了生命的两种绽放方式,我前面所说的生命绽放的六个阶梯就是从"天行健,君子以自强不息"的角度来说的;本章我要讲的是生命绽放的"3+1循环圈",也即从"同感心地理解,无条件地接纳,合情理地好恶,问心无愧地爱"四个角度来谈生命的绽放,这种生命的绽放逻辑就是"地势坤,君子以厚德载物"所表述的意思——大地能理解一切,故能承载一切;但大地也有好恶,合理者则生,不合理者就不能生,但大地始终充满着厚重的爱,白昼更替,四季轮回,无始无终——人是大地之子,亦当效法大地之爱。

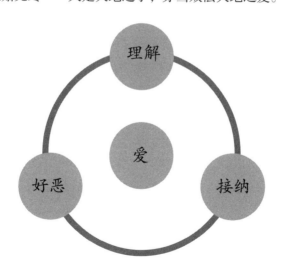

下面我来解释一下生命绽放的"3+1循环圈"中理解、接纳、好恶和爱的概念,若能真正理解并运用"3+1循环圈",必能处理好自己与自己的关系,自己与别人的关系,甚至是别人与别人的关系,从而让生命觉醒与绽放。

理解和接纳属于同一个层次:只有真正用同感心去理解对方的情绪、感受、思维和过程,才有可能无条件地接纳对方的观点、行为与结果,这就相当于大地的厚德。真正无条件地接纳是指没有恐惧、焦虑、郁结、怨恨、交换、要求和掌控地接纳。

合情理地好恶:合情合理就是道,所以这里的好恶不应该是自我的好恶,更不应该将自我的喜好、感受、建议和希望作为唯一的评价标准。与孩子沟通,父母要同感心地理解孩子,也应该无条件地接纳孩子,但父母更应该提出合情理的好恶,否则就是失职的父母。另外,除非极端情况下,我不建议父母强迫孩子必须要怎样或必须不要怎样,我们应该把决策权交给孩子;我也不建议父母发泄情绪,但我建议父母合情理地表达感受,并告知孩子我现在或即将到来的情绪状态。

《论语》中记载了两段对话——

> 子贡问曰:"乡人皆好之,何如?"子曰:"未可也。""乡人皆恶之,何如?"子曰:"未可也。不如乡人之善者好之,其不善者恶之。"
>
> 或曰:"以德报怨,何如?"子曰:"何以报德?以直报怨,以德报德。"

可见孔夫子是个好恶和恩怨都分明的人，他的喜好和感受都是合情理的，所以他的建议和希望也是合情理的，并最终达到从心所欲不逾矩的时中境界。贯穿孔夫子思想的主线就是"仁""爱"——"爱是一切的答案，是永远不变的答案；理解是爱，接纳是爱，感受、喜好、希望和建议也是爱"——合理的爱——合道的爱。爱从头到尾，首尾相连，无始无终；爱是一切的答案，一切的答案都应该是爱，如果答案不是爱，那就不是真正的答案。

生命绽放"3+1循环圈"的核心是问心无愧的爱，理解是接纳的前奏，希望、建议、喜好和感受是对沟通对象的态度，爱是一切的答案。事实上，很多人也想拥有接纳和爱的智慧，但现实生活中却怎么也做不到。为什么？因为"自我"在作怪，除非放下自我，否则你永远无法真正地"接纳和爱"，包括接纳自己爱自己，更别说接纳别人爱别人了——真正的接纳和爱是没有恐惧、焦虑、郁结、怨恨、交换、要求和掌控的，只是纯粹地接纳和爱。

如何放下自我，以我个人的修炼感悟来说就是"走大学之道"也就是《大学》开篇说的："大学之道，在明明德，在亲民，在止于至善。知止而后有定，定而后能静，静而后能安，安而后能虑，虑而后能得。物有本末，事有终始，知所先后，则近道矣。"这段文字是我的生命纲领，只有真正理解并践行这个纲领后，才能放下自我，才能接纳和爱，我简单阐述一下这段文字。

一、大学之道，在明明德，在亲民，在止于至善

这几句话交代了生命的意义就是要走生命大觉醒的道路，要擦亮本来就明亮却被后天污染的德行，要亲近并仁爱更多的人，要把这个纲领做到极致——这其实就是对孔夫子所说的"志于道"的详细阐述。

二、知止而后有定，定而后能静，静而后能安，安而后能虑，虑而后能得

走生命大觉醒之道路并走到极致的人就明白了生命之"止"，所以就能"定""静""安""虑"，并最终"得"到大觉醒的生命。

三、物有本末，事有终始，知所先后，则近道矣

只有知道本末、终始和先后的人，才能获得生命的大觉醒；当生命大觉醒之后，也自然会知道本末、终始和先后。

通过以上三点分析，我相信读者朋友理解了为何我们很难做到"接纳和爱"，因为大多数人的生命都局促于"自我的柴米油盐"之中，所以当两种大米相遇时必然比个高低。只有真正放下"自我的柴米油盐"而进入"无我的远山沧海"——道——大学之道，才能兼容并蓄、并行不悖，才能做到"接纳和爱"并最终回归到"无我的柴米油盐"之中。

现在让我们把逻辑再梳理一下：

第一，人的所有问题都是心的问题，人对外界的态度亦由心造，对外界人和事物的反应亦是心的投射，心物一体，境由心造，很多时候我们无法改变外界，但我们可以改变心对外界的态度，进而改变自己的思维和行为方式，进而引起我与外界

互动方式的良性变化，并慢慢地让外界发生变化；

第二，要解决心的问题，就是把心擦亮，把心抽离出自我的柴米油盐，放置于无我的远山沧海，当然最终还是要回到柴米油盐并放下所谓的远山沧海；

第三，如此这般，我们自然就能"静"下来，心如明镜，纤尘不染，超越自我，觉察自己；自然就能理解自己，接纳自己，爱自己；所以自然就能推己及人地理解他人，接纳他人，爱他人。

如前所述，生命绽放"3+1循环圈"，可以很好地用于和自我对话以及和他人对话，能很好地消除焦虑、烦恼、怨恨，达成自己和他人的生命绽放。

案例一：我完全理解我的懒惰，我无条件地接纳我的懒惰；但我喜欢勤奋的我——只是陈述事实，没有要求、命令和控制。我始终用问心无愧的爱来爱自己，爱是一切的答案——如果答案不是爱，那就不是答案。

结果：我变成了一个勤奋的人，或，再次理解并无条件接纳依然懒惰却未变勤快的我，爱是一切的答案——循环，直到变成我希望的状态。

案例二：我完全理解孩子糟糕的成绩，我无条件地接纳成绩糟糕的孩子，但我希望孩子的成绩变得更好。我始终用问心无愧的爱来爱孩子，爱是一切的答案。

结果：孩子成绩提升了，或，再次理解并无条件接纳成绩并未变好的孩子，爱是一切的答案——暂停，并寻找新的关注点，比方说，运动、才艺等任何关注点上。

案例三：我完全理解当下糟糕的婚姻状态，我无条件地接纳这种糟糕的婚姻状态，但我喜欢和谐的婚姻。我始终用问心无愧的爱来爱这段婚姻，爱是一切的答案。

结果：婚姻状况变好了，或，再次理解并无条件接纳糟糕的婚姻状态，爱是一切的答案——放弃，并寻找新的解决方案，比方说，离婚或分居。

以上三个案例，我分别写了与自己的对话（完全不能放弃的对象），与孩子的对话（相对不能放弃的对象），与伴侣的对话（相对可以放弃的对象），这是我与对象的三大类型。读者朋友可以参照这个句式写出困扰你的人生问题，然后以轻柔低沉的语调慢慢地朗读和确认这些问题，并不断调整这些问题，等自己有了觉醒的力量才能最终解决这些外在的问题。

第三章　　此心光明，如上如下

当我们敢于面对自私、贪婪和阴暗的自我时，我们就在朝着光明的心前进。我们会欣喜地发现，世界上最大的、最重要的事就是自己——自己的心。所有的事都是为了将那颗被习性和禀性绑架得只剩下自私、贪婪和阴暗的心擦亮，让心恢复到本性的状态。

于是——

我不会再认为工作是大事，拖地是小事。我知道了：工作和拖地都只是一件让心变得更光明的事；不分高级和低级，只分当务之急。

我不会再觉得赞美我、认同我的人是好人，而否定我冷漠我的人是坏人。我知道了：他们只是从不同的方向和我互动，我要把他们的行为通通变成擦拭我心的行为，让心变得更光明，从这个意义上说，我要由衷地感谢他们。

我不会因为觉得做老板比做清洁工更高级而喜欢前者。我知道了：老板和清洁工只是工作属性不同而已，他们虽然创造出各自不同的附加值，但这两份工作的目的是一样的，都只是在通过各自的手段磨炼自己的心，最终都要抵达此心光明的状态；我喜欢的不是他们的标签，而是他们的心。他们都可爱，因为他们都是人；或他们都不可爱，因为他们都不是人。

我不会再以有色眼镜来看待高矮胖瘦、黑白美丑、残缺健全、博士文盲以及他们身上的衣服了。我知道了：他们本都有一颗和孔子一般明亮的心，我只关注他们的心是否被涂抹，是否还明亮，其他的我都不关注。

我不会再抱怨和鄙视那些素质低下的人。我知道了：他们行为的低劣度和他们心的无知度完全画等号，他们并未受过真正的修行之教，他们是无知者无过，我只会同情他们，爱他们；事实上，我没帮到他们，他们却光明了我的心，感恩遇见。

我不再对伴侣提这样那样的要求。我知道了：与伴侣的相遇是人生的巨大缘分，无论对方是滋养我还是刺痛我，都是对我心的磨炼，我只求心的光明，问心无愧。

我不会再愤恨那些欠我钱的人、曾经害过我的人和那些言而无信的人。我知道了：他们或许也有不得已的苦衷，我不应该抱怨和愤恨，反而要借助这个机会，让我的心胸更开阔；如果他们存心害我，我也相信天网恢恢疏而不漏，我只将每件事当作光明我心的机会。

我不再因为合作伙伴、兄弟和朋友拿多了而感觉郁闷。我知道了：合作的过程不仅仅是利润分配的过程，更是为彼此和社会创造价值的过程，但终究是光明我心的过程。

当我受到不公平的待遇时，我可以努力地争取，但面对努力后依然不公平的结果，我也能平静地接受。因为我知道：这一切都将过去，唯有心的明亮才是最终的追求，问心无愧。

我不会再觉得每天承受巨大的心理压力和疲惫的身体压力是糟糕的事。我知道了：这是苦我心智、劳我筋骨的机会，让我的身心得到锻炼，对于这样成长心身的机会，我是该感恩还是该抱怨呢？觉醒的我，自然会选择前者。

我不会在春风得意时傲慢，也不会在逆水行舟时抱怨。我知道了：傲慢和抱怨都是阴暗的心，人生百态，于我而言只有一个目的，那就是光明我心，问心无愧。

我不会只喜欢温顺听话的孩子而讨厌倔强顽皮的孩子。我知道了：温顺听话和倔强顽皮都只是孩子的一个面，于我而言，在与他们相处的过程中，我的心都变亮了，于是照亮了自己，也照亮了孩子，我由衷地感谢我的孩子，无论他是温顺听话还是顽皮倔强。

我不会太在意孩子的成绩。因为我知道了：我爱的是孩子，而不是他的成绩。

我也能理解自己糟糕的情绪。因为我知道了：我那颗光明的心一直被自我绑架，深陷泥潭，动弹不得；此刻我要放下自我，我要学会表达情绪而非发泄或压抑情绪，让情绪如天边那云卷云舒的白云苍狗，来去自如，我学着活出自由的新生命。

于是……

我想起了特蕾莎修女有一首著名的诗歌《不管怎样，总是要》，里面有这样的一些话："人们经常不讲道理、没有逻辑、以自我为中心，不管怎样，还是要爱他们；如果你友善，人们会说你自私自利、别有用心，不管怎样，还是要友善……你所做的善事明天就会被遗忘，不管怎样，还是要做善事；诚实与坦率使你容易受到欺骗和伤害，不管怎样，还是要诚实与坦率；人都会同情弱者，却只追随赢家，不管怎样，还是要为弱者奋斗；你耗费数年所建设的都会毁于一旦，不管怎样，还是要建设……人们确实需要帮助，然而如果你帮助他们，却可能遭到攻击，不管怎样，还是要帮助；将你所拥有的最好的东西献给世界，可能永远都不够，不管怎样，还是要将最好的东西付出……"正如特蕾莎修女自己所说的："说到底，它是你和上帝之间的事，这决不是你和他人之间的事。"

一切为了生命的觉醒与绽放，愿每位父母都能修炼自己、滋养孩子、点亮家庭、点亮社会。

后记与本书精华

作家弗朗兹卡夫卡："我不得不说，我所受的教育在许多方面都给我造成了极大的伤害，这份指责指向很大一群人，我的父母、亲戚、某些大人物、我家的访客、形形色色的作家以及一些老师。简而言之，这份指责就像一把匕首，刺穿了整个社会……在任何时候我都可以证明，我所受的教育是如何竭力把我塑造成不同于现在的我的另外一个人。"

思想家卢梭："误用光阴比虚掷光阴损失更大，教育错了的儿童比未受教育的儿童离智慧更远。"

作家雨果："多建一所学校，就少建一座监狱。"

作家马克·吐温："你每关闭一所学校，你就必须开设一座监狱。"

鲁迅："小的时候，不把他当人，大了以后，也做不了人。"

不知道是我对教育的担心，还是记得这些话，抑或是随意遇到并摘录了这些话。中国教育的现状尤为令人担心，通才教育受人追捧，填鸭式、背诵式、题海式教育让人逃无可逃。"德智体美劳"全面发展已成为彻头彻尾的口号，很多家庭只将孩子的关注点放在"智"上，有些家庭兼顾"体和美"，很少有家庭关注"德和劳"的培养，缺德的孩子容易心理变态或抑郁，缺劳的孩子容易生活不能自理。

一个缺"德"和缺"劳"的人还是人吗？人和动物的最显著差别就在于德行和劳动，如果这样持续地缺下去，不正应了鲁迅先生的担心吗？

孔子的母亲、孟子的母亲、岳飞的母亲、林肯的母亲、爱迪生的母亲，可以说正是这些伟大的母亲，才培养了这些杰出的伟大的人才。

事实上，家庭教育中爸爸妈妈是不可或缺的，所以，在写作本书时，我一直都只提父母，甚至由于我是父亲的角色，本书内容更偏向从父亲的视角来谈孩子的教育，本书不仅仅是讲述孩子教育的技术话题，更是站在生命的角度和"人"的角度，从"道""术""器"的维度来探讨家庭的问题。家庭教育是个非常精微又复杂的系统，需要爱心、耐心和信心。如果以家庭为单位，从更宏阔的角度来谈教育，父母应该做些什么呢？我想四言以蔽之：改变自己，教育孩子，经营家庭，绽放生命，这也是《智慧父母：四堂修炼课》的内容，下面我将本书精华分享如下：

1. 很多时候孩子抗拒的不是你的要求，而是你的情绪和沟通方式。

2. 智慧的父母永远鼓励孩子去探索，却又随时为孩子准备备胎并铺设回家的路；而普通父母总是剪断孩子飞翔的翅膀，却又埋怨孩子不能飞得更高。

3. 父母要了解孩子的存在感，要让孩子有存在感，不要剥夺孩子的存在感。鼓励并允许孩子在平等、和平的环境中说出自己的感受是建立孩子存在感的最好方式。

4. 面对孩子所谓的越界行为，父母要说出感受，不要发泄情绪。父母不要动不动就责骂孩子，而要温和坚定地告诉孩子自己的感受，这样既照顾了孩子的感受，让他有安全感，同时也和孩子确认了自己的安全边界,更重要的是父母的情绪得到了释放。

5. 与其说学教育孩子的技巧,不如说学爱孩子的技巧。

6. 人生的很多问题就是差之毫厘的不正(歪)导致谬以千里的斜(邪)。

7. 为人父母要时刻觉察自己的行为偏差,一旦错了,立刻道歉,就算当时没觉察错误或情形不允许道歉,事后也要补个道歉。

8. 沟通的意义不在于沟通者的意图,而在于引发对方的回应,沟通中最难的就是营造出畅所欲言、敢讲真话的氛围。

9. 关于缺点,我建议家长温柔地说出来,只陈述事实,不发泄情绪;只描述当下,不牵扯过去,且用能照顾孩子感受的语言说出来。

10. 真正的接纳和爱是没有恐惧、焦虑、郁结、怨恨、交换、要求和掌控的,只是纯粹的接纳和爱。